今夜はコの字で　完全版

加藤ジャンプ　原作・文
土山しげる　画

集英社文庫

コの字

目次

今夜はコの字で　完全版

はじめに

コの字酒場を知っていますか？
それなりに時を重ねた赤提灯。縄のれんの向こうに格子戸。おずおずと戸を開けると、カウンターがどんと構えている。このカウンターが一癖あって、店主を三方から囲っている。カタカナのコの字型である。店主は客に目を配り、客は楽しそうに呑んでいる。すべてがいい距離感。うむ、これは、コの字カウンターだからおこる奇跡だぞ、と気づき、すうっと惚れ込んでしまった。それが三十年以上昔のこと。
そして、この、コの字型のカウンターがある酒場のことを「コの字酒場」と名付けて、その素晴らしさについて、酔うにまかせてあちこちで吹聴していた。そんなことを二十年くらいやっていたら、漫画になりドラマにまでなった。ほんとうにありがたい。
実際のところ、コの字酒場はコの字カウンターがあれば何でもコの字酒場と呼んでいいわけではないと思っている。たとえば、チェーンの牛丼屋。あれは、コの字カウンターのところもあるし、酒もビールくらいは置いている。でも、コの字酒場ではない。店の人がコの字カウンターの内側にいつも陣取っていないし、勤めている人は皆、ハンコで押したように同じ接客をする。それが悪いといっているのではない（明け方の吉◯家で牛皿に瓶ビールなんか呑んだとき、「旨そうに呑みますね」なんて店員さんに言われたことがあった。絶対マニュアルにない接客法である。最高でした）。そういう、ひたすら合理化の名のもとで統制された店はコの字酒場ではない、ということである。

常々、良い酒場について思うところがある。酒場は人、だと。

昔から人馬一体なんて言葉があるが、良い店というのは、店主の個性というか神経が隅々までいきわたり、店がそのまま店主と一体化している。こういう「人店一体」みたいなことが定着している酒場がある。そういう店が何軒もあるなかで、コの字型カウンターがある店のことをコの字酒場と呼んでいる。ついでにいうと、コの字酒場は、こういう人店一体みたいな現象がおこりやすいカタチなのだと思う。

そもそも、どこを見てもなんとなく誰かの顔が見えるカタチは案外珍しい。よくある一文字のカウンターに座ったら、目の前には店の人が見えることがあっても客は見えない。あとは見えるのは、バックバーか棚か。横に人がいても、その顔は見ようとしなくては見えない。コの字酒場は、三辺に人がいる。見るとはなしに顔が見える。見えるといってもカウンター越しだから、中には店主がいるし、湯気もたちのぼる。見えるというよりは、感じられる、くらい。その加減がいい。

コの字酒場はライブである。
コの字型に並んだ客たちは、カウンターの内側の店主を囲む。店主は、そこで接客しながら調理をして、時には自ら酒を呑む。そうして、店主は、カウンターの三方をちらちらと見ながら、客の様子をいつも気にかける。客はというと、三方から、好き勝手に店主のことを見る。これは、ちょっと舞台に似ている。舞台やライブは、演者はもちろん、観客もまたそれを一緒に作りあげる。たとえばダニー・ハサウェイのライブ盤なんて、客の拍手までもが奇跡的に演奏に彩りをあたえている。そういうことが、酒場でおこるのがコの字酒場である。毎夜、コの字酒場では、店主と客が一緒になって、一つの舞台を作りあげているのである。
たとえば演劇。同じ演目でも一日として同じ芝居になることはない。そして連日芝居を見に来る客がいる。同じように、同じコの字酒場だからといって毎日同じことがおこるわけではないから、日参する客がいる。と、同時に、毎日変わらないところもあって、その安心感に惹かれて訪れる客もいる。いつも同じ時間に来る客がいて、その人がいつも同じ呑み方をするのを見るのが面白くなったりする。この漫画にも登場する自由《じゆう》が丘《おか》の「ほさかや」には、毎日、修行のように同じ時間にやってきていつも同じ呑み方をする常連がいた。やがて、その人が来ないだけで何かあったのじゃないかと心配になったりする。心配なんかしているくせに、名前さえ知らなかったりする。半分、煮こごりみたいになった一期一会が、コの字酒場なら時々見られる。そういうのがいい。

コの字酒場は安心でもある。

店主はある種の衆人環視のなかだから、振る舞いに気をつける。料理もおざなりなことはできない。客も、ハメを外し過ぎればすぐ目立つし、店主の目が光っているから粗相はご法度である。何杯呑んだかも伝票を見るまでもなく覚えている。呑みすぎると手に負えない常連はもちろん、どうも様子がおかしい客がいれば、うまいこと勘定を促す。それゆえ客はフッーの店よりちょっとだけ品良くしている（ことが多い）。目の前、あるいは横には人の顔が見える。かといって見え過ぎないのもいい。独りでしみじみ呑みたいとき、コの字なら、どこかに人の顔があって存在は感じるから、孤独になり過ぎない。心地よい独りが楽しめる。

コの字酒場は寂し過ぎずうるさ過ぎない。

一方で、コの字酒場であればカウンターのどこかに顔が見えるから、行きずりで誰かと話したい、そんな気分のときにも都合がいい。そもそも構造的に話しかけやすいようである。会食の際、一番話しやすいポジションは自分の席の斜め前の座った人、といったことを書いたオモシロ心理学みたいな本を読んだことがある。そのために、必死になって合コンの席位置を考えていた同級生がいた。しかし、コの字酒場は、どうだろうか。一旦席を決めて腰をおろしたら、斜め前の人だらけである。これで話がはずまないわけがない。

さて、一体、いつごろからコの字酒場はあるのだろうか。それなりにあたってはみたものの、明確な答えは見つかっていない。元は屋台なのではないか、と話してくれたコの字酒場の店主がいた。いわれてみればそうかもしれない。福岡《ふくおか》の有名な屋台なんて、コの字カウンターがよく見られる。屋台に適しているということは、つまり少人数でのオペレーションがしやすい合理的な形なのである。

世界最古の大学である、イタリアはボローニャ大学の講義の様子を描いた絵に、コの字型に座って話しあっているものがある。ボローニャ大学の講義は、一方的に講師が話すのを聞く、今の日本の大学の座学とは違って話しあうことが基本だったらしいから、コの字酒場と同じ形になるのも納得がいく。真昼間のテレビでたまたま見た、ル・カレの原作を映画化したマーティン・リット監督の『寒い国から帰ったスパイ』は、冷戦時代の東独を舞台にしたスパイものだが、そこにもコの字カウンターの店が出てきて、映画の救いようのない暗さとは裏腹に喜んでしまった。洋の東西どころか、政治的イデオロギーの東西もこえて、コの字酒場は認められているのだ。

かようにコの字酒場は自然と話しやすい造りなのだが、どんなときも談論風発《だんろんふうはつ》の場というわけではない。「朝まで生テレビ！」みたいな雰囲気の中で呑みたい人なんていない。それでも、コの字カウンターを囲んで、客も主人も侃侃諤諤《かんかんがくがく》、直言を肴に呑んでいる、みたいな状況になることもある。その気になれば、誰かとそこそこ真面目に話したりもできる場ということである。ただ、決して行き過ぎないのがコの字酒場だ。トゥマッチな場所にならないのは、いつも視線が行き交う造りだからだろう。監視は剣呑だが場の透明性はあったほうがいい（『寒い国から帰ったスパイ』にコの字酒場が出てきたと書いたが、案外コの字酒場の視認性の良さが冷戦時代の密告に適していたのだろうか。そうでないことを願う）。

コの字酒場といっても、カウンターの形状は店ごとに微妙に異なっている。狭い空間にあわせて三つの辺で構成するから、ちょっとV字めいたり、船の舳先《へさき》のように細長いものもある。真ん中の一辺だけが極端に長くて両サイドは短い、ダックスフンド型のコの字カウンターもあるし、鰻の寝床形にやけに両サイドが長いタイプもある。逆に、チェーン店のカウンターのなかには、完全なるカタカナの「コ」のシルエットになっているものもある。さりながら、形は完璧でも、そこに店の人の個性も、客と店の人のコミュニケーションも、一夜の舞台を作っているほどよい一体感もなければ、それは、コの字酒場でもなんでもない。コの字カウンターを神聖視するわけではないものの、仏作って魂いれずという諺の意味に遠からず、というところである。

コの字カウンターの素材もいろいろあって、どれもこれも甲乙つけ難い。もちろん高価な寿司屋のように、柾目《まさめ》の檜の真っ白なカウンターは素晴らしいに決まっている。だからといって、昭和の高度成長期の店舗によく使われた新建材のデコラみたいなものが悪いわけではない。二十一世紀の今から見れば、歴史的な、ビンテージ感がたまらない。日本の酒場は日本産の素材でなければいけない、なんて野暮なことを言う必要もない。アフリカ産の巨木であるブビンガだとか、アジアのラワンだって勿論良い、集成材だっていいし、節だらけでもいい。大事なのは、そのカウンター越しに店主や他の客の顔が何となしに、心地よく見えるかどうか。店主が働きやすいかどうか。客が座ったとき、肘から先を持て余さない、ほどよい高さと奥行き、触り心地があるかどうかだろう。錦《きん》糸町《しちょう》の「三四郎《さんしろう》」のカウンターなんて、角の丸みとすべすべの肌触りがたまらず、それを愛でるうちに、知らず知らずに一合くらい簡単に空いてしまう。

振る舞い方、というのを気にされる人もいる。

まずはっきり言えるのは、作法みたいな堅苦しいことはない。気にすることはない。ただ、どこにでも不文律みたいなルールはある。それは一見《いちげん》ではわかりっこないので、まずは、ズケズケしない。ほどよく大人しく。どこの世界でも一緒である。

コの字酒場は人店一体だから、店主の個性が丸出しだったりする。元来、個人の店は、店主の家みたいなところがある。茶室に招かれて茶をともに楽しむ茶の湯のように、酒場も店主は不特定多数を招いていて、やってきた客は一緒に時を過ごす。こういう感覚がいちばん意識できるのもコの字酒場なのではないだろうか。一期一会。そういうところだから、変に馬鹿騒ぎしたり、周りが嫌がるような下ネタを話したり、女性にしつこくしたり、そういうことをしなければ、それでいいのである。

一見では入りづらい、という声も聞く。大丈夫。勇気と好奇心と食い意地があれば乗り越えられる。

まずは、遠くで高張提灯を見つける。むむむ、と思ったら近づいていく。徐々に全貌を現す店。格子戸があってすりガラスがはまっている。背中らしき影と肌の色がぼんやり見える。これは、コの字酒場ではあるまいか。よしっ、と入ったら、やはり、コの字である。だが、コの字カウンターにはまだ人かげはまばら。すると背中を向けて座っていた一人の客がやおら半身をよじって顔をこちらに向ける。むむ、ちょっとコワい。これが世に言う（かどうか知らぬが）〝常連の壁〟を感じるときである。だが、ここで怖気付いてはいけない（見るからに良からぬスジの方とかであれば、すごすごと退散するのもアリです）。酒場は社会の延長、普通のマナーで良いのである。軽く会釈。これでオーケー。その常連がそれ以上求めたとしたら、その人は実社会でも過剰な挨拶をもとめるタイプなだけだから全然気にすることはない。あとは勝手に座らない。店主の一言を待つ。なんの目印もなくても予約されている席ということもある。良い人だが初めての客にあれこれ世話を焼きたがり過ぎるお節介な人からは見えにくい、いつも誰とでもほどよい距離感をたもてる人から一席空けて、なおかつ、主人に注文しやすいポジション……のような、絶妙な席に案内してくれるかもしれない。なかには、好きなところにどうぞ、という店もある。そういうときは安心して直感にしたがって席を選べばいい。勝手には座らない。コの字酒場だろうとどこだろうと、普通のことである。

大事なことは、コの字酒場にはこれといって上座も下座もないことである。店主と客は、基本的に等しい距離で接する。床の間があるわけでもないし、カウンターの配置は、広さや使い勝手次第の合理性に基づいているだけで、厄介な因習とは無縁である。

座ったら今度は注文である。店主が声をかけてくれたらそれにのればいい。逆に店主が気をつかって話しかけないということもある。ではどうする。独り切りでやっている店なら、間合いは大事。されど、目の前にいる店主は集中してきぱきと仕事をしていても、目配りはしている。吸い込まれるように注文できる、そんな、いいタイミングは案外あっさり訪れる。

注文の中身だけれど、聞いてもかまわないが、私は「おすすめは」と尋ねないことにしている。そもそも店はおすすめでないものは出さない。その時、自分が口にしたい料理を食べる。それがいい。名物と呼ばれているものだけ頼む、みたいなことはくれぐれもなさらないように。飲む酒、その日の天気、その日の気分。その時の欲求に忠実に欲しいものを食べればいい。だいたい飲み屋は、チェーン店みたいにセントラルキッチンがあるわけではないから、ある一品だけで経営が成り立っているわけではない。どんな飲み屋でも、酒と肴はいくつか頼む。たぶん、これはコの字酒場に限らず飲食店ではフツーのことだろう。飲めない人だって、お茶やジュースを注文すればいい。「名物一つに水ください」みたいなことは無しである。もちろんヘッドフォンやらイヤホンで他の客を遮断というのも、コの字酒場ではいただけない。舞台を囲んでイヤホンをしている人はいないはずだ。自分の世界を徹底して確保したいのであれば自分の家か、チェーンの居酒屋の個室で呑めばいい。呑み屋でイヤホンは、無言の傍若無人である。

もちろん、ハズレだってある。照れ屋でもなければストイックでもなく、まったく根拠なく、ただ怖いだけの店主が威張り散らす店。無闇矢鱈《むやみやたら》に声をかけてくる客。何の理由も言わず何時間待っても肴が出てこない店。だめだ、こりゃ、と思ったらやめにしよう。そういう店は、コの字カウンターがあっても、コの字酒場とは呼べない。

日本には、まだまだたくさんのコの字酒場がある。未曽有の危機、コロナ禍でもなんとか生き抜いてくれているコの字酒場がある。生まれて生きて、たいがいの人生はそこそこ長いこと続く。だから人には止まり木が必要だ。いろんな止まり木があるけれど、酒場もその一つ。なかでも、コの字酒場は、人が際立つ。客も店主も一緒になりつつ、それぞれが楽しめる。ほとんど天国である。天国だから生きているうちは、長居はしない。時々寄って楽しむのである。でも、実際どう楽しんだらいいのか……と思われたら、この漫画をぜひ。恵子《けいこ》と吉岡《よしおか》が、私なんかよりずっと上手に案内してくれます。

コの一　神楽坂「焼鳥 しょうちゃん。」

ゴク
カララ‥
いらっしゃい
つっ立ってねーで座んな
あ…
はい

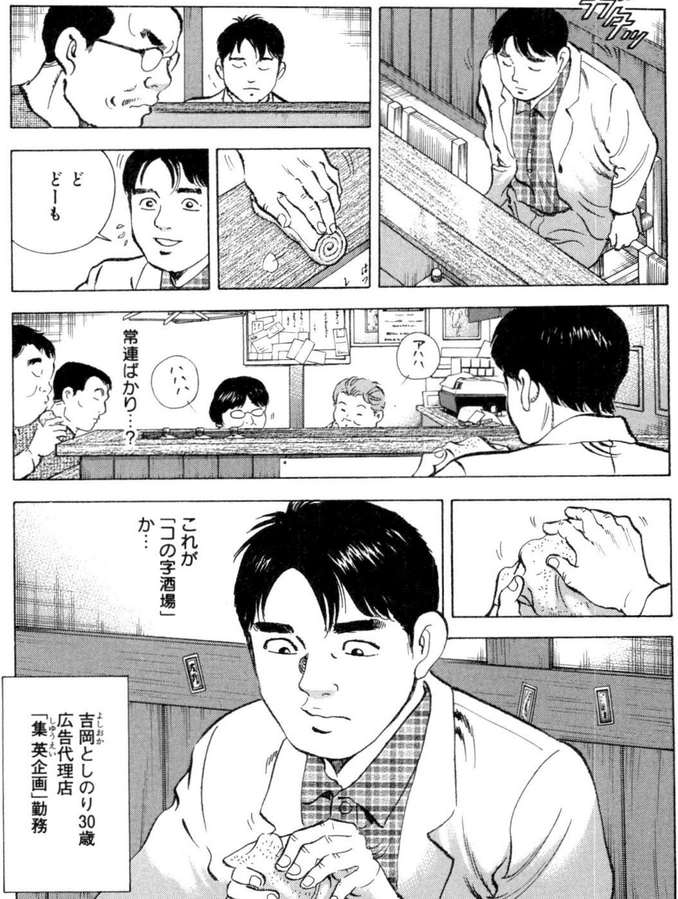
ガチャッ
ど どーも
常連ばかり…？
ハハハ
アハハ
これが「コの字酒場」か…
吉岡《よしおか》としのり30歳
広告代理店
「集英《しゅうえい》企画」勤務

集英企画
吉岡
いるかァ
チャ
はい
お前
今日
S町の
住宅展示場
行ってくれ
S町の…
って
あれ
山田《やまだ》の担当
じゃ…
山田
インフルで
ダウンだ
エッ！
…て
わけだ
頼んだぞ
社長室
タム！

S町の
住宅展示場の
仕事は…
ご来場
受付
住宅展示場
山田のヤツ こんなときに
インフルになんか
かかりやがって……
外は寒いけど
中は蒸し風呂だ…
たたくんじゃ
ねエー
けるな！

あう
ボテッ
…ってわけで 先輩 お願いします
今晩 呑《の》みに つき合って くださいよ
何 甘えたこと 言ってんの!
こっちも 忙しいのよ
一人で 呑みに 行っといで
はい はい… じゃあまた
ちょっと 待ったァ! 吉岡っ!

あんた
行くとしても
チェーンの
居酒屋でしょ
まあ…
ダメ!!
チェーンの
居酒屋じゃ
リフレッシュ
できないよ!
じゃあ
どこへ…
コの字よ!
コの字酒場!
え?
このじ…
って?
田中恵子《たなかけいこ》32歳
吉岡の大学時代の先輩
大の日本酒党
うーん…と
初めてだと
あえてレベル
上げたほうが
いいかな…
このじ
?
このじ
?
よし!
決まった!
今から
お店の場所
送るから
あ…
はい
しょうちゃん

……
いつ注文すりゃいいんだ…?
しょうちゃん!
ウーロンハイまだ?
うるせーな!
今作ってるよ!
カラ
カラ
カラ

しょうちゃん 砂肝と ししとうね
注文するときに しょうちゃん …って言うのか
し…
何にする
あ
ビ… ビールを
あいよ
キンキンに 冷えてる
コポ
コポ
ゴキュ
ゴキュ
ども
ぷは!
うまい! 緊張してたから なおさらうまい!!

しまった
今注文しとくんだった
メニューはここか
別段変わったものもないし値段も手ごろ
あのツマ楊子《ようじ》みたいなのに小さな固まりがついている
何だ？
？
注文しにくいですよね
あのハゲは
うるせーぞデブ！
やばい！
主人にケンカ売ってるのか!?
エッ!?
こりゃ早いとこ退散しなきゃ
何にする？
あ…え…
あ厚揚げとはつ…
…と
皮食べるか？
あ好きです

出るタイミング逃がした
そのうえ苦手な皮たのんじゃって
押し売りすんなよハゲ
いいから食ってろデブ
な 何なんだこの会話の応酬…
他の客は平然としている…
常連だから気にならないのか…?
このデブ…いや太った男いつもこんな調子なのか?
一見《いちげん》の客にはたまったもんじゃないぜ
頼むから黙っててくれよ
あー気まずい…
早く出たい…
ごめーん待ったァ?
遅いぞ!
しょうちゃん麦のお湯割りね!
湯沸くまで待ってろ

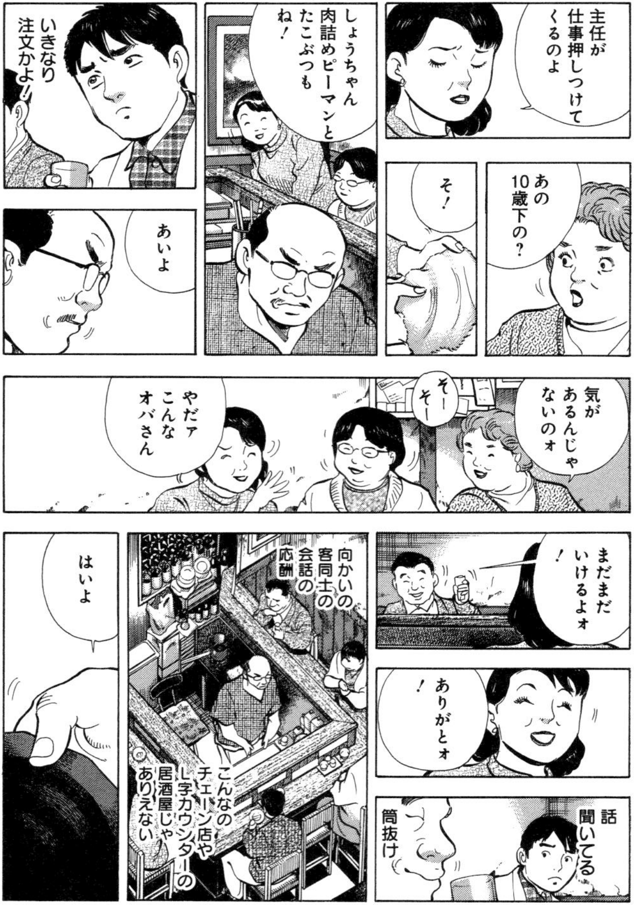
主任が
仕事押しつけて
くるのよ
しょうちゃん
肉詰めピーマンと
たこぶつも
ね！
いきなり
注文かよ！
あの
10歳下の？
そ！
あいよ
気が
あるんじゃ
ないのォ
そー
そー
やだァ
こんな
オバさん
まだまだ
いけるよォ
！
ありがとォ
！
話
聞いてる
筒抜け
向かいの
客同士の
会話の
応酬
こんなの
チェーン店や
L字カウンターの
居酒屋じゃ
ありえない
はいよ

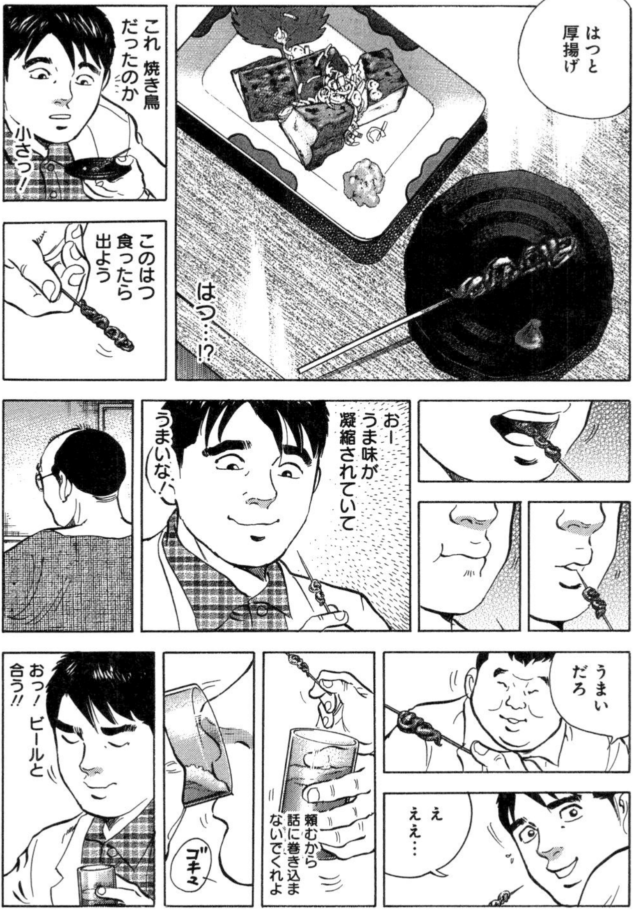
はつと
厚揚げ
はつ…!?
これ 焼き鳥
だったのか
小さっ!
このはつ
食ったら
出よう
おー
うま味が
凝縮されていて
うまいな!
うまい
だろ
え
ええ…
頼むから
話に巻き込ま
ないでくれよ
ゴキュ
おっ! ビールと
合う!!

厚揚げは
醤油《しょうゆ》を少したらして
ショウガをのせて
フー フー
アフ
うほっ!
熱々でうまい
はい 皮
こ…これが皮っ!?
俺の苦手な焼き鳥の皮とは似ても似つかぬ…
?
カリ… カリ

これがか…皮っ!!
しょうちゃん
カリ
カリ
うまいよ！
すごいよ!!
メッチャ
うまいだろ
つい
うなずいて
しまった！
頼む
ほっといて
くれ
もう二本
注文して
一本じゃ
もの足りない！
それ食って
出よう！

し…
しょうちゃん
さん
皮を…
さん？
さん…
？
さん…はいらねーよ
さん？
あ
し
しょうちゃん
皮を
もう二本…
あいよ
何だか
柵を一つ
飛び越えた
気分だ
すごく
恥ずかし
かったけど

俺明日から九州へ単身赴任なんだ
エ？
独り言…？
まったく未知の土地だ…
部署は商品管理から営業へ…
けど嫌じゃない
新しい仕事は楽しさがあるはずだ
仕事は楽しまなきゃな
仕事は楽しまなきゃ…か
嫌なのはしょうちゃんに来られなくなることだ
それが一番ツライ！
今夜は呑むぞォ！
ゴキュ
ゴキュ
しょうちゃんウーロンハイおかわり！
しょうちゃん
あいよっ！

しょうちゃん
ふう
早く出たいと思っていたのに
長居しちまった…
はじめは嫌でしょうがなかった常連としょうちゃんのやり取り…
それが慣れてくると独特の心地良さになってきてしょうちゃんのぶっきらぼうさもあたたかく思えてくる…
俺みたいな初めての客も自然とその空気に包まれて…
それに何といっても料理がうまい!
あの空気が料理のうまさを倍増させる…

どう？
チェーン店や
L字カウンターじゃ
味わえない
楽しさでしょ
はい！
恵子先輩
♪
コの字酒場
おもしれーっ!!
ハマりそーっ!!

コの字に“ぼの字”①

正調のコの字カウンターは“しょうちゃんの舞台”

神楽坂

「焼鳥 しょうちゃん。」

住 東京都新宿区若宮町16
☎ 03-3235-5719
営 18:00～23:00
休 月曜、火曜

コの字カウンターのなかには大将のしょうちゃん。お客さんが“舞台”を囲んでいるかのよう。しょうちゃんとの会話もはずむ。

コの字酒場のコの字の形にもいろいろある。大小もあるし、厳密なコの字型ではなく、横長やほとんどV字に近いものもある。檜、杉、デコラなど素材もさまざまだ。

多種多様なコの字酒場のなかにあって、正調というべきカウンターの店が「焼鳥 しょうちゃん。」である。

店先には高張提灯のみ。お品書きなどない。格子戸は磨りガラスでなかはうかがえない。えいや、と勇気をもって扉をあければ、すぐにカウンターが顔を出すわけではない。ほんの少し廊下があって、その奥にコの字カウンターがあるのだ。

カウンターまで一呼吸。これがまずたまらない。町中から酒場という異世界へ足を踏み入れる、その時一拍おくことで、さあ呑むぞ、となる。そこに姿を現すのが、立派なコの字カウンターである。中に大将のしょうちゃんがいる。舞台を囲むように、しょうちゃんを眺めつつ一杯はじめる。

ここでは、まず皮を注文する。焼き上がるまでに時間が要るので、はじめにたのむのである。皮までの肴は、その日の気分次第。腹がへっていたら、厚揚げやら肉じゃがをたのんでおく。漫画では厚揚げをやったので、ここは肉じゃがにしておこう。

しょうちゃんの肉じゃがは〝てり〟がいい。どうしてあのツヤは、こうも酒飲みを刺激するのだろうか。醤油の香ばしさと甘みと具の持っている味とを、あの〝てり〟が一体にしている。ジャガイモの角の部分がほんのすこし醤油で色が濃くなっていて、ほか

脂をじっくり落として焼き上げた皮。食感はカリカリで串からこそげとるように食べる（上）。香ばしい焼おにぎりは〆にオススメ（下）。

はツヤツヤ、湯気をあげている。その熱いのを頬張ると、ジャガイモのシャキシャキがホクホクに変貌する、その瞬間まで煮ているのがわかる。口のなかでの崩れ加減がたまらない。

このへんで一合はなくなっている。そうこうしていると、しょうちゃんがカウンター越しに例のものを出す。

「はい、皮」

串にびっしり何かが刺さっている。よく見れば、これは皮で、脂を徹底的に落としてカリカリに仕上げている。このカリカリの歯触りは、揚げ物のそれとはまったく別である。皮の表面のぽつぽつは、揃って丸く立ち上がり、そのぽつぽつの間に塩がいきわたっている。これを口にはこび、ぎゅっと串から歯でこそげとると同時に、旨味がつつうっと舌に広がる。しかし脂は落としているから、あくまで爽やかでシャキッとしている。そこに酒を流し込むと、カリカリになった皮がほんのすこしだけ、酒を吸う。これをぐっと噛むと、また味わいがます。

はじめてこの皮を食べた時、しょうちゃんがこちらをちらっと見た。旨いと伝えると、しょうちゃんはニッと笑った。それを見たコの字の向こう側に座った客がまた笑った。

コのニ　錦糸町「三四郎」

じょうちゃん
よかったなァ…
あの皮…
もう一度
食いたい
ゴク
吉岡
午後からの
プレゼン
準備出来てる
のか
あ
はい
地方の企業で
初依頼の
クライアント
だからな
今
山田が駅に
迎えに行って
ます
もう
到着する
頃かと…
遅い…
三十分も
遅れてる…
チャッ
ただいま
遅いぞ！
飯食ってから
行ったんで
なっ!?
グミャシャ

山田
お前〜〜
ほら
先輩
急がないと
お待たせ
すると
悪いですよ
アグ
グシャ
グシャー
では
よろしく
お願い
します
楽しみに
して
おります
山田！
仕事終わったら
少しつき合え
話が
ある
残業代
出るなら
つき合い
ますけど
バササッ

今の新人
そんなものよ
一杯呑んで
忘れなよ
しょうちゃん
より
にぎやかな
コの字酒場が
いいわね
うーん…
錦《きん》糸町《しちょう》の
三四郎《さんしろう》が
いいわ
ちょっと
変型コの字
だけど
錦糸町の
三四郎…か
JR 錦糸町駅

こっちか…
なんだか あやしげな 通りだな…
キャバクラ どーすか
いいコ そろって ますよ
いや 今日は…
三四郎
おっ！

あった！
三四郎
ここかァ…
やっぱ常連がたくさんいそうで入りづらいなァ…
三四郎
ガラ
いらっしゃい
空いてるとこ
どーぞ
ザワ
ザワ
ザワ
ザワ
おお カウンターが奥まで続いている

これが先輩の言ってた変型コの字かァ
舟の形みたいだ〜
となり失礼します
呑み物は？
あ
ビンビールください
ビンビールお願いね
ハーイ
メニューがいたるところに…
まぐろ刺身九〇〇
もつ煮五〇〇
麦焼酎三〇〇
かきフライ

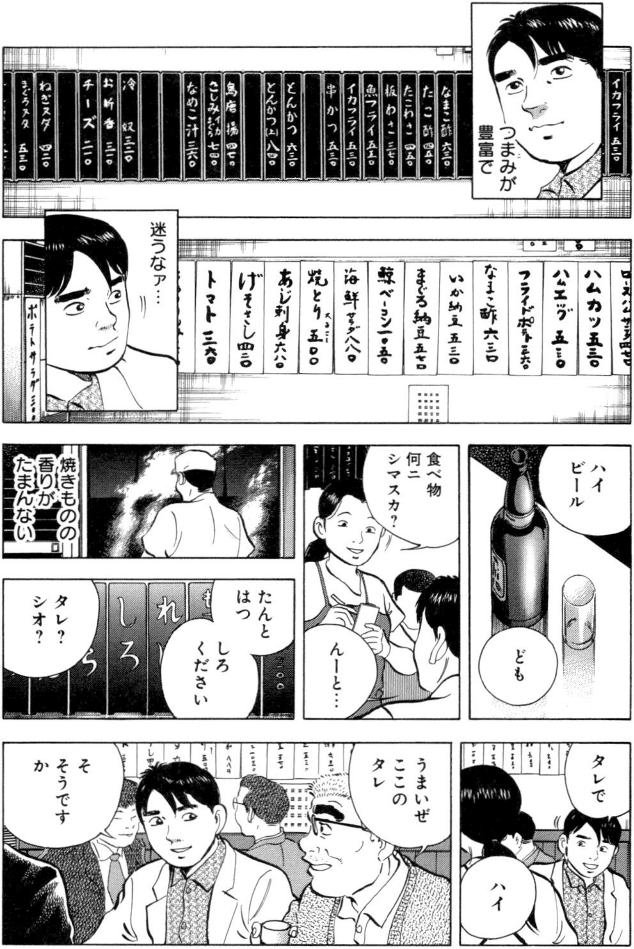
つまみが豊富で
迷うなァ…
ハイ ビール
ども
食べ物 何ニ シマスカ?
んーと…
焼きものの香りがたまんない
たんと はつ
しろ ください
タレ? シオ?
タレで
ハイ
うまいぜ ここのタレ
そ そうです か

一人客か
話しかけてくるかな
ん?
こない…
オ待チドオサマ
モツ焼タレ三本ネ
コココ…
おー
うまそー!
ムニュ
ムニュ
うん!!
うまい!
タレがうまい店は 何を食ってもうまい…って先輩が言ってたな
すじこおろし五七〇
白すおろし三二〇
なめこおろし三六〇
五色いも六〇〇
山かけ五三〇
ン…?
五色《ごしょく》いも…?
ボソ…
五色《ごしき》いもだろ
うまいぜ三四郎の名物だよ

このニイさんに五色いもたのむぜ
あ…
ま いいか
あと ハムカツ ください
ハーイ
ど…ども
たのまれちゃったよ
いい選択だ ハムカツは この店の オススメだ
初見さんに料理を押しつけるんじゃないよ 両国《りょうごく》!
いーじゃねーか 向島《むこうじま》! 食べたそーにしてたんだから
始まったな 江戸《えど》ッ子同士の おせっかいが
エッ!?
気にすることはないですよ
いつものことなんだから
俺は横浜《よこはま》の外れの育ち…
江戸ッ子は難じいね
はい
ハムカツね

これが
…と五色いもです
タコ イクラ イカ マグロ 生卵で 五色ってことかな
醤油を少したらしてまぜるんだぜ
また余計なことを
まぜるってわかるだろ
はいはい好きに
やりあってください
おっ 五色の具の下にとろろが

しかし今日の山田の態度はなんだ…！
ガツ
ガツ
自分の都合ばかり主張して…
どうした？親のカタキに会ったみたいな顔して…
そ そうですか…？
あちゃー顔に出てたか
何があったかおしてみなスッキリするぜ
おせっかいはやめなよ両国
おせっかいじゃねエ
嫌なことは忘れて楽しく飲み食いしてほしいじゃねーか
それがおせっかいって言うんだよ！
ほっとけ！
実は今日…
あーあ…見ず知らずのとなりの客に山田のこと話しちまった…
どーなるもんでもないのに…

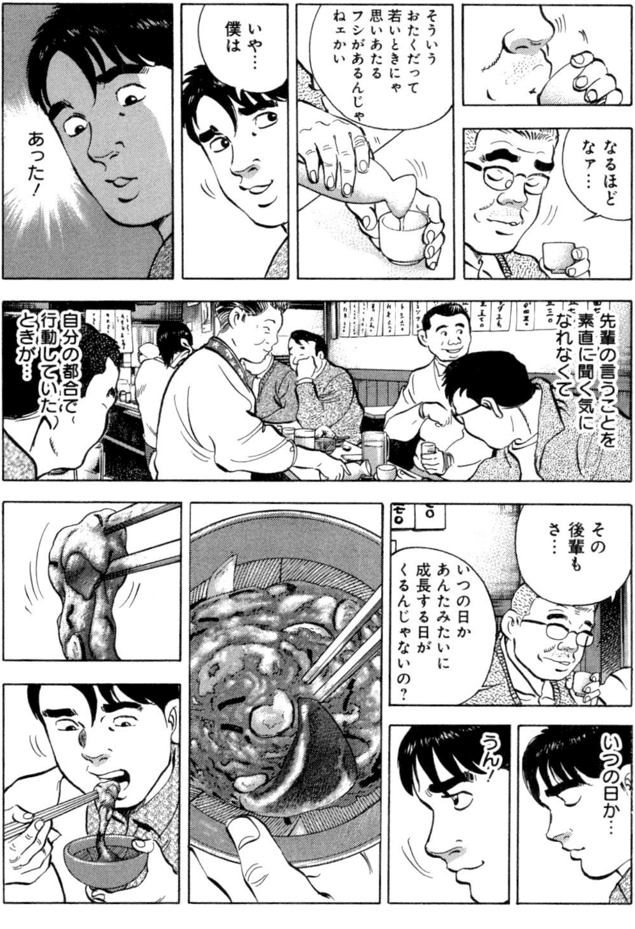
なるほど
なァ…
そういう
おたくだって
若いときにゃ
思いあたる
フシがあるんじゃ
ねェかい
いや…
僕は
あった!
先輩の言うことを
素直に聞く気に
なれなくて
自分の都合で
行動していた
ときが…
その
後輩も
さ…
いつの日か
あんたみたいに
成長する日が
くるんじゃないの?
いつの日か…
うん!

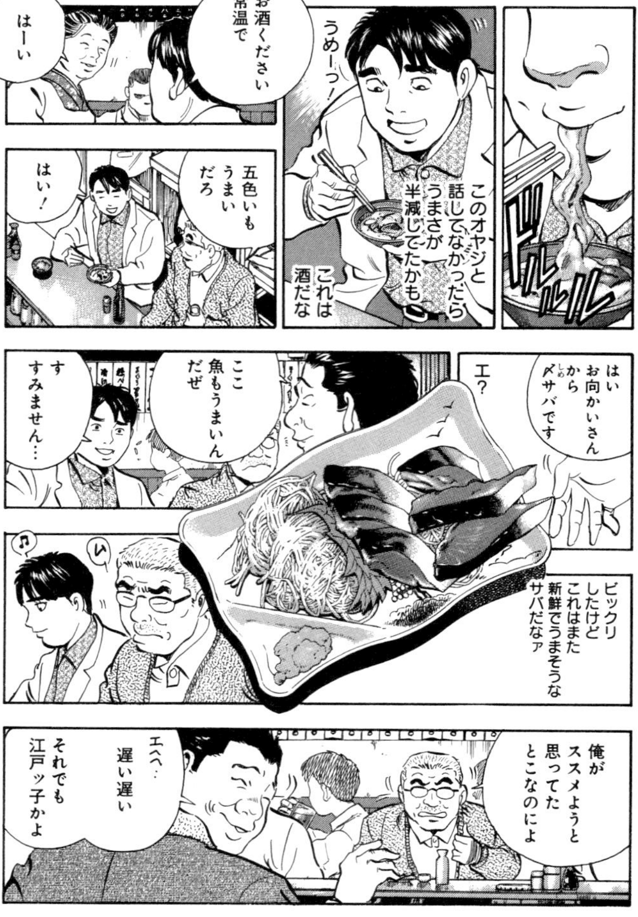
ドゥルルル
うめーっ!
このオヤジと話してなかったらうまさが半減してたかも
これは酒だな
お酒ください 常温で
はーい
五色いもうまいだろ
はい!
エ?
はい お向かいさんから〆《しめ》サバです
ここ魚もうまいんだぜ
す すみません…
ム
♪
ビックリしたけど これはまた新鮮でうまそうなサバだなァ
俺がススメようと思ってたとこなのによ
エヘへ… 遅い遅い それでも江戸ッ子かよ

はい
お酒
ども
グビ
ノドにしみる
では〆サバを…
うーん いい〆具合…
いくらでも呑めそうだ
エ?
ちょいと
これ
食ってみな
どじょう鍋だ

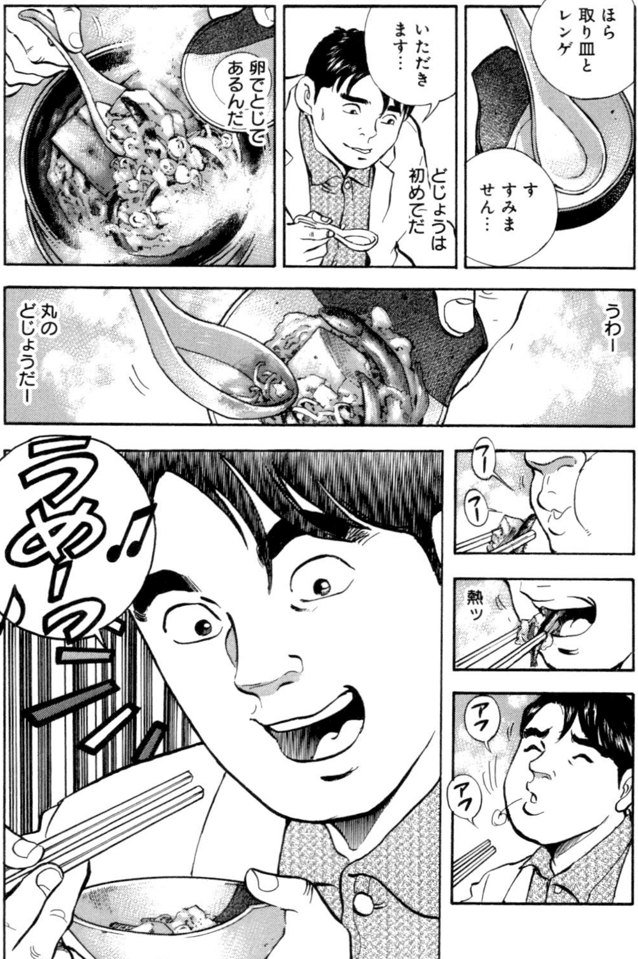

ほら取り皿とレンゲ
すすみません…
いただきます…
どじょうは初めてだ
卵でとじてあるんだ
うわー
丸のどじょうだー
アーアー
熱ッ
アフ
アフ
うめーッ

甘辛の汁がどじょうと合う!
汁が豆腐にしみて御飯がほしくなる味だ
ハフ
ごちそうさまでした
いいから遠慮せずにもっと食えよ
煮込豆腐食うか?
ま また!?
もう二人ともほどほどにしてくださいな
おニイさんだって困っちゃうから
そんなに気前がいいならみんなのぶん二人で払ってもらおうかしらね
あ…
あ…いえ
そ それはちょっと…

ごちそうさまアっ！
ありがとうございましたア
三四郎

三四郎
ふう
三四郎
恵子先輩
三四郎
いいお店
でした
いつか
山田が成長したら
どじょう鍋を
おごってやるかな
三四郎
DRY
三四郎
もつやき

コの字に〝ぼの字〟②

船の舳先に似た
白木のコの字カウンターで
船遊び

錦糸町

「三四郎」

住 東京都墨田区江東橋3-5-4

☎ 03-3633-0346

営 平日／17:00〜22:00
土曜／12:30〜16:30
※競馬中継終了と同時に閉店

休 日曜、祝日

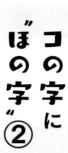

粋に着物をきこなし、すいすい接客する女将さん（中央）。舳先形のコの字カウンターの先（写真手前）に座れば、気分は船頭だ。

錦糸町の名店「三四郎」では、〝ナンパ〟に気をつけている。
ここは昭和二十六年に創業したコの字酒場である。最初の店舗は、今とは少し離れた場所にあった。今は二代目の店で、ご主人も二代目である。
墨痕《ぼっこん》鮮やかな看板の下、二代目の弟さんが担当する焼き台の脇の引き戸をくぐると、いきなり大きなコの字カウンターが姿を現す。少し変形のコの字は、船の舳先に似ている。開店と同時に客が来て、日の長い季節なら、明るいうちに店は満席になる。二代目の奥様である女将《おかみ》さんが、粋に着物をきこなし、すいすい接客する。こちらはすいすい呑む。カウンターの形さながら、船遊びのように愉快な酒になる。
白木のカウンターは、ご主人自ら、一週間に一度、牛乳をまいて磨いている。触ればわかるが、玉の肌と呼ぶべき触感である。これだけで一合はいける。その美しいカウンターに並ぶのは、間違いなくいい顔ばかりだ。このいい顔を眺めるだけで、また一合はいける。一文字やL字のカウンターだとせいぜい見える顔は一つや二つである。ところがコの字カウンターは大概見通しがいい。こと三四郎はコの字の一辺が長いから、ほろ酔い顔のナイアガラの滝みたいに壮観なのである。
ちょっと前のこと。あの人もこの人も旨そうに呑むなあ、なんて思いながら焼酎ハイボールをぐいぐいやっていたら、向かいの席の常連さんから、
「これ、どう?」

サクッと揚がった衣のなかは、層になったハムがかくれているハムカツ（上）。体の芯まで温まる、どじょう鍋も名物のひとつ（下）。

なんて言われたことがある。漫画にも出ているハムカツがそれだ。三四郎はなんでも旨いのだが、ここの揚げ物の実力たるや！　きつね色、それも日本のホンドギツネよりは、北欧あたりのアカギツネに近い、ほんのりと深みのある色である。そんなサクッと揚がった衣のなかに、層になったハムがかくれている。ソースは心持ち多め、それに辛子を適量。ためらうことなく、口にすっと入れる。アチ。もぐ。

「いやあ、こりゃあおいしいですね」

御礼かたがた伝えると、常連さんは、

「泣いてる？　そこまで感動するか？」

とおっしゃった。感動はしていたが、泣いたのは熱かったからである。

そうして過熱した口内に冷えた焼酎ハイボールを流し込む。これをくりかえす。猫舌にとって揚げたては荒行みたいなものだが、修行から逃げては立派な飲兵衛にはなれない。鉄だって、熱いうちに冷やして焼き入れをして鍛える。飲兵衛だって同じだと思って度を越すと、ぐでんぐでんになるので用心はする。それでも、この舳先形のカウンターで呑んでいるとついつい杯がすすむ。その時は、ちょっと船酔いしたことにして店を後にする。それから先は、難破だけはせぬよう、千鳥足でもいいから漂流しつつ帰途につく。

コの三　横浜「のんきや」

先輩
さっきから
時計ばかり
見て
うるせー！
仕事しろ
仕事ッ！
ヘイ
ヘイ
そんなに
見てたって
針は速く
進まないいッス
よ
速く進んで
くれないいかなァ…
吉岡
プシュ
明日はまた
先輩に
コの字を教えて
もらって…
ゴキュ
ゴキュ

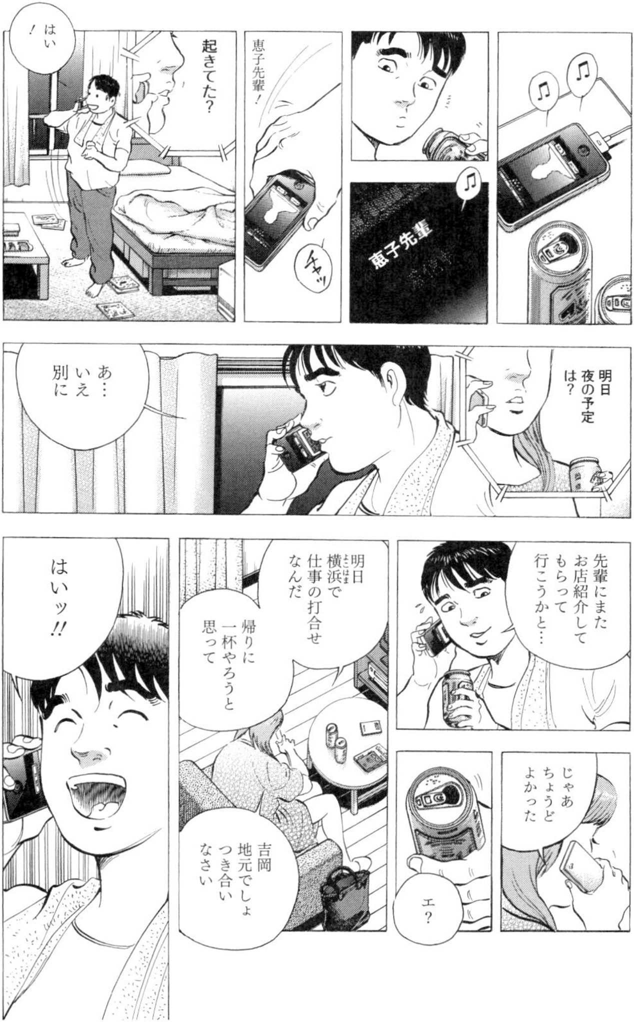
恵子先輩
チャッ
恵子先輩！
起きてた？
はい！
明日
夜の予定
は？
あ…
いえ
別に
先輩にまた
お店紹介して
もらって
行こうかと…
明日
横浜《よこはま》で
仕事の打合せ
なんだ
帰りに
一杯やろうと
思って
じゃあ
ちょうど
よかった
エ？
吉岡
地元でしょ
つき合い
なさい
はいッ!!

六時から
呑んでる
から
先輩
その店って
…
もちろん
コの字よ！
よーし
仕事
片づけるぞ！
横浜駅
駅を出て
右へ
横浜駅
Yokohama
Station
西口
歩いて三分ほど
駅前再開発の
ビルの空き地が
途切れたところに
ある
路地…

狸小路
昭和が香る
横浜駅のすぐそばに
取り残されたような一画
ここだ
先輩指定の店のんきや！
のんきや
のんきや
カラララ
いらっしゃい！

こっち
こっち
後ろ
狭いから
外からまわって
あ…
はい
狭いから
入り口が三カ所も
ある
ガララ
先輩ッ！
呑みと
なると
遅刻しない
わね
ビール
もう一本
ください
はーい
どーぞ
かけつけ
三杯！
コポ
コポ
いただき
ます

カンパーイ！
いやー仕事後のビールがうまい！
一丁前に言うよーになったね
そちらは
あ大学時代の後輩です先生
隣のオヤジ先輩のツレ？・・・・・
・・・・・先生だと？
先輩そちらは？
古書店のご主人よ
どうも
以前ここでご一緒して
久しぶりにお会いしたの
以前は学校の先生を？
ううん古書に関してすごい知識をお持ちで
だから先生

あちらは大工さん
日本家屋の先生
あの紳士は本当の学校の先生よ
先生ばかりですね
そ！
女将《おかみ》さんも酒場の先生
何言ってんの
何にするの？
もちろんシロ！塩で！
のんきやに来たらまずシロを食えってね!!
そーそ！
わかってるねおネーさん
すげー先輩…
お店に溶けこんでいる
はい
シロね

これ
これ！
いただき
ます
のんきやの串は
一人前二本で
くるのよ
うめーっ
トロットロの
ふわふわ
だア！
でしょ
ビール
もう一本
ください！
はーい
カッコイイな
先輩っ！

…で
どうだった？
モム
しょうちゃんと
三四郎は
モム
はい
しょうちゃんは
すごく緊張して
色々と失敗
しましたけど
しょうちゃん。
呑むうちに
お店の楽しさが
わかって…
三四郎は
隣の人と向いの人の
会話が楽しくて
三四郎
コの字の
何たるかが
わかったよーな
気が…
まだまだ
入り口よ
次は
やきとり
各¥130
カシラ
タン
ハツ
レバ
シロ
ナンコツ
コブクロ
カワ
ネギ
飲み物
椎茸《しいたけ》
ください
コポ
コポ
ゴク
ゴク
ハツと
つくね
と
お酒を
燗《かん》で

はい
お酒
ありがと
グビ
チビ
ペース
遅いぞ!
あ…
はい
はい
ハツと
つくねと
椎茸
ね

モム
モム
このつくねのタレ
メッチャうまい！
じゃあわたしはこれで
ガタタ
もうお帰りですか？
ええ…
会計を
はい
じゃ皆さんお先に
あの先生以前はよく奥さんと来てたよな
そーそ
仲よく最後にラーメン食べて
トン

あの方
奥様の具合が
悪くて
ラーメン断ち
されてる
のよ
そーかァ
ラーメン断ち…
若くして
結婚されて
苦労して
お店を立ち上げ
……
ようやく
お二人で
ゆっくり出来る
矢先だったのに…
最愛の人の為《ため》に
好きなモノを
断つ…
素敵ね…
あんた
出来る⁉
さ…
さあ
さあじゃ
ないッ！
出来るって
言いなさいッ！
呑め！
は
はい
もう一本
ください
はい

やき鳥
ミツキ
家
そろそろオフロにしよーかな
お風呂!?
今変な想像したでしょ
オフロください
はーい
ほら
これよ
カシラ
タン
ハツ
レバ
シロ
ナンコツ
コブクロ
カワ
ネギ
オフロ

はい
オフロ
これが
オフロ
コブクロ
よ
七味かけて
辛子つけて
ムニュ
ムニュ
うわっ！
フンワリ
口の中で
とろける！
おいしい
でしょ！
ほら
呑んで！
呑んでっ！

先輩…もう呑めません…
ムニャ
ン？
あれ？
先輩トイレっすか？
ラーメン食べて支払いすませて帰られたのよ
後輩にもラーメン食べさせてください…ってラーメン代も頂いてますよ
〆のラーメン食わなきゃ
そーそ！
のんきやに来た意味ないよ
それで看板にラーメンの文字が…
焼鳥 ラーメン のんきや 清酒 明石
ラーメンください
あとお水を
はい
ゴキュ
ゴキュ

ラーメン
お待ちどおさま
煮干しの出汁《だし》の香り…
いただきます
まずはスープから
ズ
ハァー
何てやさしい味のスープなんだ
シンプルなのに
しっかり
うま味があって

ズズズッ
チュルン
うまいッ！チョーうまいッ!!
ズズッ
アム
ズズッ
ズズズッ

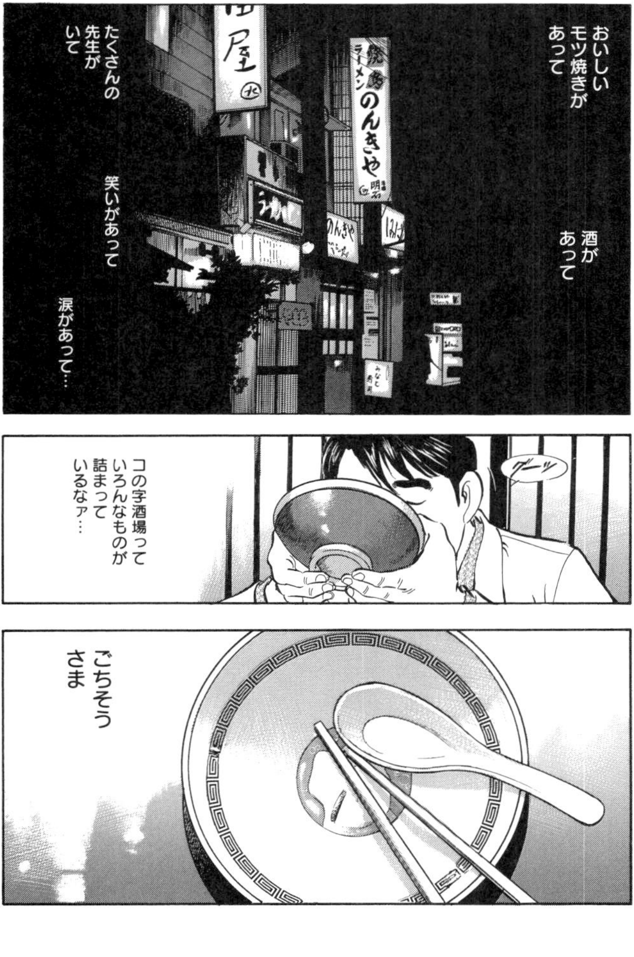
おいしい
モツ焼きが
あって
ラーメン
のんきや
酒が
あって
たくさんの
先生が
いて
笑いがあって
涙があって…
グーッ
コの字酒場って
いろんなものが
詰まって
いるなァ…
ごちそう
さま

コの字に“ほの字”③

新鮮なモツと
女将さんの笑顔に癒やされる
狸小路のコの字

横浜
「のんきや」
※現在は閉店

焼き場をテキパキとこなす女将さん（中央）。店内はカウンターで一杯になってしまうほど狭い。ぎゅうぎゅうづめになってモツを食べる。

物心ついたころから、年中工事をしている感じがして仕方ない。横浜《よこはま》駅のことである。その一画に、工事などまるっきり知らぬ顔をしている、昭和のカサブタのような場所がある。名を狸小路《たぬきこうじ》という。
そうはいっても、決して時代に背を向けた雰囲気ではない。LEDの看板があったり、案外ハイテクも平気で導入していたりする。そのあたりの執着のなさが横浜らしい気がする。鎖国していたこの国で日米修好通商条約によって開いた港のうちの一つである。オープンマインドは筋金入りだ。
その狸小路の看板脇にかまえるコの字酒場が「のんきや」である。扉を開けたら、コの字カウンターと女将さんが現れる。店のなかはカウンターで一杯になってしまうほど狭い。いつも笑顔で押しつけがましさなど微塵もない女将さんのほほえみを見ながら、ぎゅうぎゅうづめになってモツを食う。どれも旨いのだが、ここは一人前二本。しかも粒が大きい。だからたのむ時はその日の気分を冷静に分析する。
まずは瓶ビールでゆっくり喉を潤す。さて今日は何にしようかと考えつつ、結局いつもシロを注文している。それもタレで。ここのシロはふわふわのとろとろである。しっかり火が通っていながら、柔らかくみずみずしい。これが濃いめのタレとあわさる。唐辛子はやや多め、ビールで口のなかを潤したあと、焼きたてをかじる。じゅわりと汁気が口中に広がる。タレの甘さと唐辛子の刺激がシロの表面に広がるのを感じる。舌先で

ふわふわとろとろで、柔らかくみずみずしいシロ（上）。のんきや名物のオフロ。コブクロを湯がくことからこの名前がついた（下）。

転がすようにしながら、ぐいぐい噛む。旨い。二本はたちどころに消えてしまう。
二皿目はハツ。これも粒が大きい。ペルーの串焼き料理のアンティクーチョみたいに迫力がある。こちらも焼き加減は絶妙である。新鮮なモツの証《あかし》であるエッジのたった切断面はカリッと焼き上がっている。この、カリッの部分を意識しながら、一切れを思い切りよく口にふくむ。一噛み＝一旨味と言いたいくらい、テンポよく旨味がじわじわっと舌に広がる。たまらない。気がつけば酒がすすむこと。ウイスキーをダブルでたのみ、自分好みの加減でボトルの水を加えて水割りにする。すぐに呑み干し、トリプルを注文しておけばよかったと思う（トリプルなんてたのむ人見たことないが）。
本当はもっと食べたいが、ラーメンをやりたいので我慢する。やおらラーメンをオーダー、これを待っている間にグラスを空にする。やがて、醬油の香りがたちのぼる丼が現れる。スープを飲み麺を口にはこぶ。出汁と醬油とネギの香りが渾然《こんぜん》となって箸の動きは加速する。いつの間にか丼の底が顔をだす。汁まで飲み干してお勘定となる。
女将さんに見送られ、店を後にするとき、いつも、どうかこの一画はこのままでいてほしいと思っていたが、もうのんきやはない。あのオフロもラーメンも、二度と食べられない。

コの四　自由が丘「ほさかや」

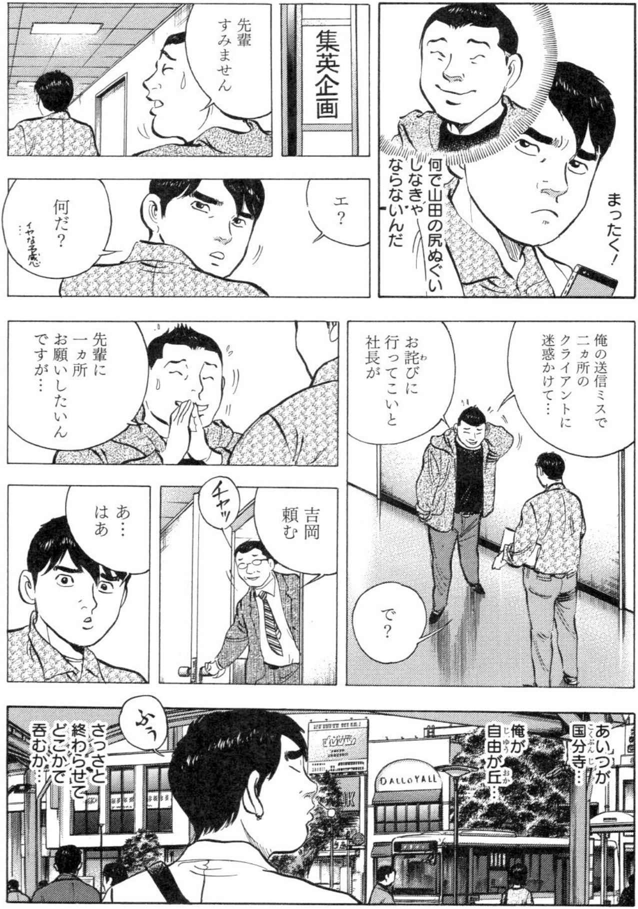
まったく！
何で山田の尻ぬぐいしなきゃならないんだ
集英企画
先輩すみません
エ？
何だ？
イヤな予感…
俺の送信ミスで二ヵ所のクライアントに迷惑かけて…
お詫《わ》びに行ってこいと社長が
で？
先輩に一ヵ所お願いしたいんですが…
チャッ
吉岡頼む
あ…はあ
あいつが国分寺《こくぶんじ》…
俺が自由《じゆう》が丘《おか》…
ふう
さっさと終わらせてどこかで呑むか…
DALLOYAU

自由が丘みたいな
オシャレな街では
落ちつかない
からな…
エーッと
こっちか
ン？
こっちの
改札口側って
自由が丘駅 北口
正面と
違って
何だか
大衆的な
ふんいき…
あとで
寄って
みるか…
五時…
けっこう
絞られたな
適当な店で
ビールを一杯…
！

うなぎ ほさかや
何だ?
あの行列は
うなぎ屋!?
キンミヤ焼酎
うなぎ
おーッ
なかは
カウンターだけ
コの字じゃ
ないか!!
自由が丘に
コの字とは
ムフフ…
恵子先輩も
知らなかったり
して

自由が丘で コの字発見！ と
ピロリン♪
早っ!!
うなぎの ほさかや よく 見つけたわね
うなぎ食べて スタミナ つけなさい㊦
さすが 先輩
串のうなぎか… うまそうだな
ち帰り 出来ます
ありがとう ございまし たー
三人さん どうぞ
お一人さん 入れます よ
はい！

おー
ここのコの字は
まさに
うなぎの寝床だ
すみません
すみ
ません
はい
どーも
夕方から
満席って…
お客も
通いなれた
常連さんって
感じ…
皆さんの
顔が
いい
何に
します？
あ
ビールを

大？小？
それ日本酒ですか？
そ！
こうして氷を入れると
だ大を
呑み口がやわらかくなってね
カラン
あとでたのもうかな
ごちそーさん
ありがとーございましたァ
はいビール
お通しはキャベツの浅漬け
お品書
うなぎ蒲焼 大 一、五〇〇円 小 一、三〇〇円
うなぎかつくり焼 三五〇円
うなぎきも焼 三〇〇円
うなぎひれ焼 三〇〇円
うなぎかし焼 三〇〇円
うなぎ塩焼 三五〇円
ビール 大 六〇〇円 小 三五〇円
清酒 上撰 四〇〇円 佳撰 三五〇円
焼酎 四〇〇円
お新香 一五〇円
営業時間 四時三〇分ヨリ九時迄
ランチ うな丼 一、三〇〇円 うな重 二、五〇〇円
吸・お新香付
営業時間 十一時三〇分ヨリ十四時迄
さて何をたのもうかな
コポ
コポ
うーん…
よくわかんないな…

まずは
かしらと
きもだね
恵子先輩
!
あんなメール
見ちゃ
ジッとして
らんないよ
さすが
先輩ッ!
ビールグラス
それにかしらと
きもを
二本ずつ
ください
はい
ビールは
最初の一杯
あ
注《つ》ぎます
次は
焼酎の割り物か
日本酒ね
ゴキュ
ゴキュ
グーッ
ぷはーっ
あいかわらず
カッコイイな
先輩
おいしい
はい

かしらと
きもです
いただき
ます
まず
かしらから
ちょっと
山椒を
ふって…
コリ
コリ
うーん
おいしい
歯ごたえが
あって
コリ
コリ
うまいッス！
さて
きもは
焼酎で
焼酎
ウーロン
割りで
はーい

日本酒と氷をください
はーい
こちら焼酎のウーロン割りね
コプ
コプ
うなぎのかしらがこんなにうまいなんて
知らなかった
はい日本酒と氷ね
コポポ
それ口からお迎えにいって減ったとこに氷を入れるんですよ
御指導すみません
わー
なみなみと…
なるほど
チュー

チュ
うまいでしょ
ええ
いくらでもいけそうです
きも焼きって酒に合うんだよね
この苦味のおいしさったら…
子供にはわからない大人の味ですね
そッ
ン？
いつの間にかお客さんが変わってる
若いカップル…サラリーマン
それに美女が二人ッ！

目の保養になりますな
どうしました?
ええ
あ…いえ…
ガタッ
お勘定お願いします
はーい
お酒二杯と
ピ
ピ
二千三百円になります
じゃあごゆっくり
串の長さで値段がわかるんですね
串より向かいの美女でしょ
興味があるのは

あの方
毎日
来られて
ここで会った
人のこととか
帰って奥様に
お話しされる
ようなんです
ヘェ！
奥さんと
来られた
ことは？
いえ
五年前に
亡くなられて
…
定年後は
ゆっくり
二人で
過ごしたかった…
って
カチャ
遅いのよ
ね…
オレも
結婚したら
考えなきゃ…
仕事も
出来ない
キミに
結婚出来る
かな？
仕事
してますよっ！
今日だって
後輩の…
塩焼き
二本ください
はーい
クスッ
仲がいいん
ですね
お二人
全然ッ!!

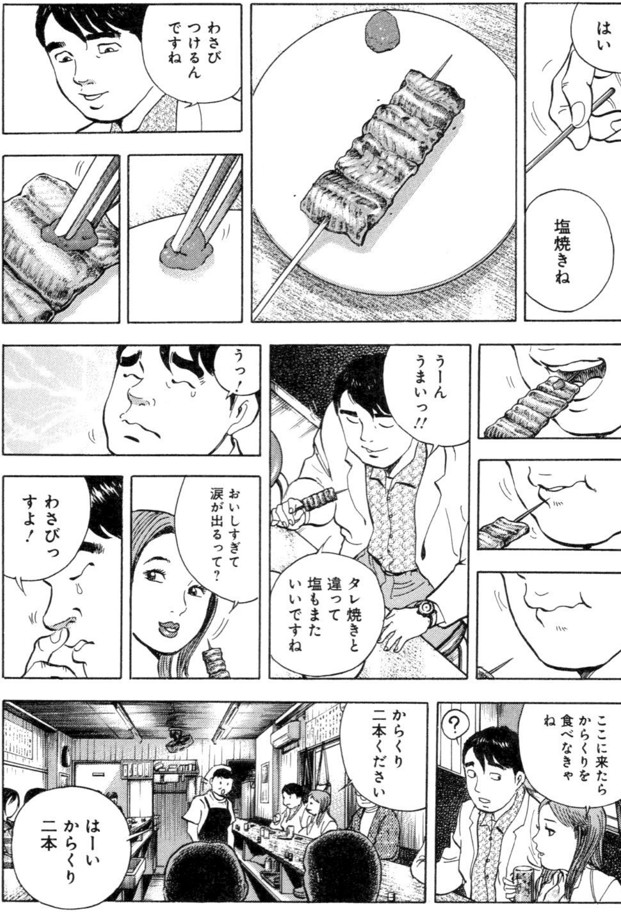
はい
塩焼きね
わさびつけるんですね
うーんうまいっ!!
タレ焼きと違って塩もまたいいですね
うっ!
おいしすぎて涙が出るって?
わさびっすよ!
ここに来たらからくりを食べなきゃね
?
からくり二本ください
はーいからくり二本

からくりって何ですか？
現物を見てからね
わたしたちもいつもたのむけど
何だろうねからくりって名前
からくり上がったよ
はーい
はい
からくりね
これがからくり
そ！

ホントは くりからって 言うの
ねェ 御主人！
ええ
名前の由来は 何でも不動明王が 右手に持つ 倶利《くり》伽羅《から》竜王が 巻きついている 倶利伽羅剣なんだ とか
うなぎを捌《さば》いた ときに出た切端《きれはし》を 串に刺した様が 剣に巻きついた 竜の姿に 似ている
そこから ついた名だ そうです
へェー
そーなんだ
うなぎ屋じゃ どこでも逆に ・・・ からくりって 呼んでますがね

モニュ
うまいっ！
脂がのってて
プリプリして
スタミナが
つきそうだ！
十本くらい
食べよっかな
ダメよ！
粋なのは
せいぜい
二本までよ
まあまあ
じゃあ
あと一本だけ
わたしも
もらおう
かな
からくり
二本ね！
あいよ！
ごちそー
さまっ！
ありがとう
ございました
ーっ
先輩！
ここは
俺が払い
ますよ
いいから

横浜でも ご馳走《ちそう》に なったし
せめて 割り勘で…
いいって 言ってん でしょ!!
キミが 出世したら おごって もらうわ
はい…
さーて もう一軒 行くわよ!
カッ
あ…いや 俺はこれで
明日 早いんで…
もう! 張り合い ないなァ!
本当はもう一杯 行きたいけど 仕事がたまってる からな… ちくしょー 山田のヤツめ…

今夜は コの字 で

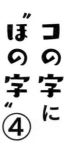

コの字に
〝ほの字〟④

奥に長い店の形にあわせた
“鰻の寝床”のようなカウンター

自由が丘
「ほさかや」

住 東京都目黒区自由が丘1-11-5
☎ 03-3717-6538
営 11:30～14:00、16:00～20:00
休 日曜、第2月曜 ※祝日の場合は第3月曜

開店からまもなくして細長いカウンターはまず常連さんで一杯になる。
自由が丘という土地柄、客層は幅広い。

「ほさかや」は、鰻の専門店である。蒲焼きも食べられるし、部位ごとに串をうった、きも、ひれ、からくりなどは手軽で食べやすく、肴にちょうどいい。

それにしても自由が丘である。洒落た御婦人、ファミリーの多いこの町で、コの字酒場がしっかりと根付いている。はじめて来た人は皆驚く。店の前には高張提灯がぶらさがっている。これだけで大概の飲兵衛はふらふらと引き寄せられてしまう。その下に焼き台があって、煙と香ばしいにおいが漂っている。これで抵抗できる飲兵衛はいまい。

この店のコの字カウンターは、奥に長い店の形にあわせて細長い。まさに鰻の寝床だね、と口にせずにはいられない。訪れた人のほとんどが、これに似たことを口走ったに違いない。

お酒を常温でお願いする。肴は「一通り」。きも、ひれ、からくり、かしらが一通り揃った一皿である。どんな順序で食べるかは、その時その時、直感と欲望にしたがうことになる。

たとえば、少し汗ばむような陽気の日なら、まずはかしら。文字通り鰻の頭を焼いたものだ。ゴリゴリ、ゴツゴツした歯触りの奥から旨味があふれる。これをガリガリかじりながらビールを流し込む。

つぎはひれ。こちらも歯触りが独特。背びれがこんなに旨いなんて、蒲焼きばかりが鰻じゃないとあらためて鰻に感謝したくなる。

左から、かしら、ひれ、きも、からくりがセットになった「一通り」（上）。きもとの相性が抜群の清酒（下）。

つぎはからくり。これは蒲焼きの端っこのようなものだが、細く切られていることで、より一層香ばしく、軽い味に仕上がる。そこへ、心持ち多めに山椒をふる。その香りが鼻に届くより早く、急いでごそっと串からこそげとるように、二切れ三切れを一度に口にはこぶ。じわっと広がるタレと脂の旨味。思わず、こぶしを握ってしまうほど旨い。その頃には、はじめにたのんだコップ酒はとうに空っぽになっている。

こんどはきもである。しっかり焼いた鰻の肝は、ほんの少し苦みがある。これが、冷たい酒によくあうものだから、つぎの一杯は焼酎にする。もう止まらない。一粒でぐい。もう一粒でさらにぐいぐい。一本で二杯くらい平気であける。

ここから先は一通りのなかで、今日の気分にぴったりのものをおかわりする。たとえばからくりをたのみ、こんどは山葵をちょっとつけて、ゆっくりと嚙む。ふたたび酒は日本酒。こんどは温かいのにして、すいすいとやる――。かように、エンドレスに呑みつづけられるのが、このコの字酒場である。

なにしろ、スタミナをもりもりとつけつつ、酒がすすむのだから際限ない。メートルは鰻上り、は間違いない。そういう顔がコの字カウンターに居並ぶ。さらに酒はすすむ。最高だ。

コの五　町田「酒蔵 初孫」

三岳
屋久島産
本格焼酎
ひれ酒
700
本醸造
玄の舟唄
本醸造
玄の舟唄
玄の舟唄
ゴオオ
はこね
町田
まちだ
Machida
玉川学園前
相模大野
プシュー

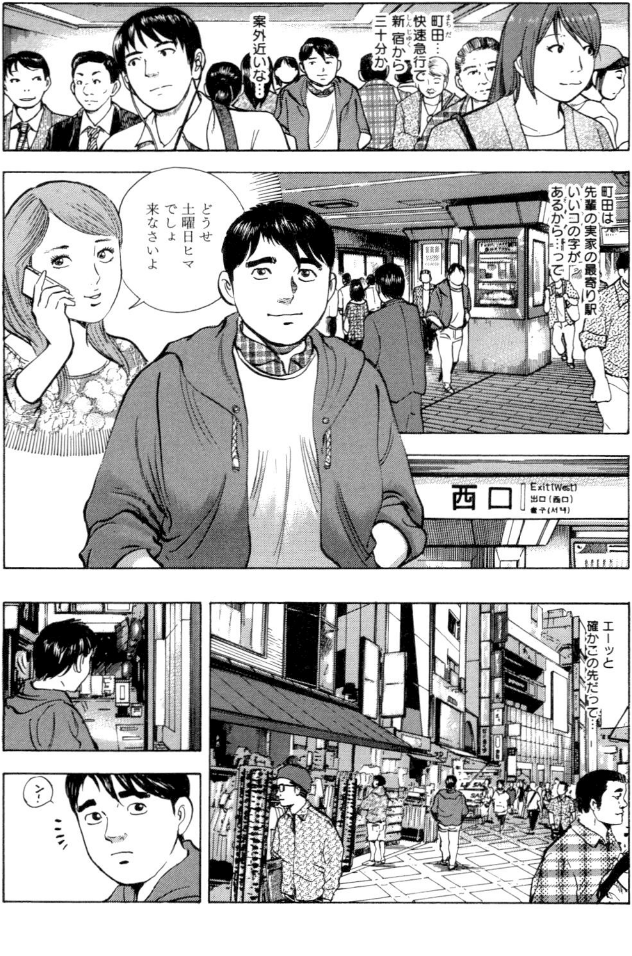
町田《まちだ》…
快速急行で
新宿《しんじゅく》から
三十分か
案外近いな…
町田は
先輩の実家の最寄り駅
いいコの字が
あるから…って
どうせ
土曜日ヒマ
でしょ
来なさいよ
西口
Exit(West)
出口(西口)
エーッと
確かこの先だって…
ン？

あった！
ここだ！初孫《はつまご》
酒蔵
初孫
いらっしゃい！
中ビール
！
おおーッ!!
いいなァ！カウンターに並んだ肴《さかな》の皿
もつ
鮎塩焼
ハナダイ焼
アスパラ さつま
きびなご
肴に絶対自信あり！って感じ

悪い！昼寝しすぎた。
遅れる、、先に呑んでて！
コの形だから
あまり狭さを感じさせない
サンマ丸干
宮崎直送
赤鶏たたき
呑み物何にします？
えーと…
生ビールグラス
あ…グラスビールください
グラスビールね
はい
どーぞ
ども

最初の一杯にちょうどいいサイズだ
ゴキュ
ゴキュ
うまいっ!
ふう
それにしてもうまそうな肴の数々
全部食いたくなる
おっ! 好物のきぬかつぎがあるぞ!
新にんにく焼
焼茄子
きぬかつぎ
きぬかつぎください
はいよ
塩かわさびでどーぞ

ゴマが効いて
うま味が
増してる
この店
デキる
ムニ
日本酒に
するか
お酒ください
オススメは?
ウチは基本
初孫
ばかりだけど
魔斬《まきり》は
どうかな?
純米吟醸
季節限定酒
魔斬
じゃあ
それを
はいよ
わたしも
魔斬!
と
しこ鰯《いわし》の
南蛮漬け
ね!

先輩!
いい お店でしょ
最高っス
なんだ
恵子ちゃんの連れか
そ! 大学の後輩なの
何もかも頼りなくてねー せめてお酒くらい強くさせようと思ってんの
今日は呑むぞ!
今日もでしょ
パシッ
はい 魔斬と
しこ鰯の南蛮漬け

しこ鰯って何の鰯ですか？
かたくち鰯よ
稚魚はしらすね
ヘェー
よく育ちましたね
キミもまだまだ育たなきゃね
チュ
はーい
お二人おつき合いされてるんですか？
とんでもないッ!!
大将 魔斬 おかわり
早っ！
どっちかというと
主従関係ね
あいよ！
恵子ちゃん…
あの二人どうしたかなァ
チュ

ほら あのときの 二人
何か あったんスか ?
三週間くらい前 一人で呑みに 来たとき…
そっちの 席に カップルが いたのよ
辛気臭い 顔して…
きんき
泡がとっくに 消えた ビールを前に…
ゴメン… そんなつもり じゃ なかったんだ
じゃあ どんな つもりよ
離婚して 出戻ってきた 女に いきなり 満面の笑《えみ》で
お帰り！ なんて

幼なじみだからって許せないわ！
だからそれは間違えて…
なんだか面倒臭い話ですね
そーなのよ
結婚してこの街を離れた幼なじみが三年で別れて戻ってきて
久しぶりにバッタリ会ったらしいの
でも最初に笑ってお帰り…って言ったことでモメていて
谷中生姜
ヤングコーン
笑ってお帰り…はマズいでしょ
南蛮漬けの味はどう？
でしょ！
いくらなんでも
酢の加減もよくてメチャクチャうまいです

ここの料理 どれもこれも ホント おいしいの
鮎塩焼
ハナダイ焼
アスパラ さつま
ハマグリ酒煮
もちろん お酒もね
大将の腕が いいのね
何か サービス しようかな
じゃあ ヤングコーン 焼いて ください
あいよ
焼コーン メッチャ おいしいわよ
楽しみっ ス
…で その二人 は？
だから あやまるって
悪かった… って

バン
いいかげんにしてっ!!
帰る!
バン
いいかげんにしてほしいのはこっちよ!!
!
!
サンマ丸干
赤鶏たたき
名物 塩もつ
谷中生姜
ここはお酒と料理を楽しむお店よっ!
それを何ッあんたたち!!

ビールには手をつけてないし!
料理は何もたのんでないし!!
アスパラ
さつま
…
…
大将ッ! グラスビール二つ!
…と塩もつ煮込みとつくね!!
二人に出して!
わたしにつけておいてね
ポカ～ン
きんき
あいよっ!!

グラスビール
二つと
塩もつ煮込みと
つくねです
ビールは
冷たいうちに
飲む！
料理は
熱いうちに
食べる！
ゴチュ
ゴチュ
ふう

彼女に
よそって
あげて
あ…
ありがと
わたし
塩もつって
初めて…
フー
フー
ツルン
わあ
口の中に入った
もつがスッと
消えたわ！

塩味のスープがサッパリしててうまい
いくらでも食べられそう…
肌にもよさそうだし…な
うん
アグ
ムニュ
ムニュ
このつくね食べごたえあるなァ
タレの味がまたうまい
こんなにおいしい物食べたらウソつけないよ…
お帰り…って心から出た言葉なんだ

エッ!? 本音だったんですか?
笑ってお帰りって
そ!
ずっと好きだったみたい
…で離婚して戻って来たから自分にもチャンスが来たって
それで笑顔でお帰り…
うまい料理を食べると本音が出る…か
気をつけなくちゃ
ヤングコーンお待ち!
なかのヒゲも食べられるからね
ヘェ
熱ち!
熱ち!!

アー
モフ
モフ
ホクホクしてうまいっ!
にっ
何か本音で言いたいことあるんじゃない?
ないスよ
ここの料理全部食べてもらおうかしら
宮崎直送
赤鶏たたき
まずは
塩もつ
塩もつから
いつの日か先輩に好きです…
なんて言えるわけないよな

いらっしゃい!
ペコリ…
ご一緒しません?
お邪魔なんでは?
気にしないでください家来ですから
せ…先輩〜っ
酒蔵
初孫

コの字に“ぼの字”⑤

飲み手と肴が一緒になって
コの字カウンターを囲む

町田

「酒蔵 初孫」

住 東京都町田市原町田6-10-19
☎ 042-726-1256
営 火曜から木曜／17:00〜22:30
金曜、土曜／16:00〜22:30
休 日曜、月曜、祝日

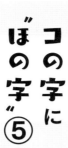

カウンターの目の前に定番メニューをはじめ、旬のオススメの肴がズラリ。
まずは一杯やりながら今夜の肴を選ぶのも楽しい。

町田《まちだ》駅からほど近い商店街の一角。地元の人でも気づかない路地を入ったところに「酒蔵 初孫《はつまご》」はある。小さな扉の入り口を入る。カウンターは三辺がほぼ等しいコの字型をしている。壁も民芸調で木目。明る過ぎない店内は、はじめて訪れてもどこか懐かしい。

「初孫」は吉田健一もそのエッセーで書いている、山形《やまがた》の酒である。先代が彼の地の出身で、おいている酒は初孫を中心にいいものが揃っている。

このコの字酒場は、客席から向かってカウンターの内側にそった部分がややせりあがっている。そこに大皿が所狭しと並んでいて、煮物や南蛮漬け、焼くだけの状態に仕込まれた豚ロース味噌漬けや旬の魚に季節の野菜などが盛られている。ご馳走と飲み手の顔が一緒になってコの字を囲む光景は祭りのようで壮観である。酒がすすむ。

酒は初孫をたのむ。ここは照明の具合がよくて、コップの酒が本当にきらきらと輝いて美しい。これをうやうやしく口元へはこぶと、思わず、はあっと声がもれる時がある。そんな時向かいの席の常連さんと目があう。照れるが、こういうコの字に集まる同好の士は大概ソレわかるよ！　という顔をしてくれる（と勝手に思い込んでいるだけかもしれないが）。ありがたい。

問題は肴選びである。メニュー板が並んでいるだけでも迷うのに、実際に旨そうなものがズラリと出揃っていてはしかたない。こういう時、コの字酒場はいい。ほかのお客

酒蒸しでいただく調理前のハマグリや、季節の食材が所狭しと並ぶ（上）。特製塩もつ煮込みは人気メニューのひとつ（下）。

さんのつまんでいる皿を何気なく見る。「よし、決めた。特製塩もつ煮込みにつくね、それに旬の魚の南蛮漬け」とあいなる。

二代目の大将の料理は丁寧で、初孫の肴と酒は指をからめあって手を握るように、ぴったりあう。ホロホロに煮込まれた塩もつ煮込みは、白髪ネギとあわせて一緒に口に入れる。モツが舌のうえで溶け出し、ネギを嚙むにつれ、その肉汁とツユとが一緒になり、旨味と香りが口のなかを満たす。ここへ酒を注ぎ込む。酒の甘みと驚くほど相性がよく、みるみる一合はなくなる。

そこへつくねが出てくる。太くて大振りで、テリテリの表面に七味を思い切りよくふる。一嚙みすると、表面のテリテリが実はカリカリであることがわかる。すっと歯がとおり、やわらかく旨味たっぷりの肉がホロホロと口のなかで崩れる。旨い。濃厚な一本をたいらげると、そこへ南蛮漬けが来るので、さっと箸をつける。ほのかに甘くてコクのある甘酢がしみたイワシや小アジは、かじると骨が軽く歯ごたえを残しつつ、しゃくしゃくっと音をたてる。旨い。あっという間に杯をかさねている。

いつか初孫と一緒にここに来られたらいいな、などと思いはじめたら泥酔している証拠なので、お勘定、と声をかける。

コの六　一之江「大衆酒場カネス」

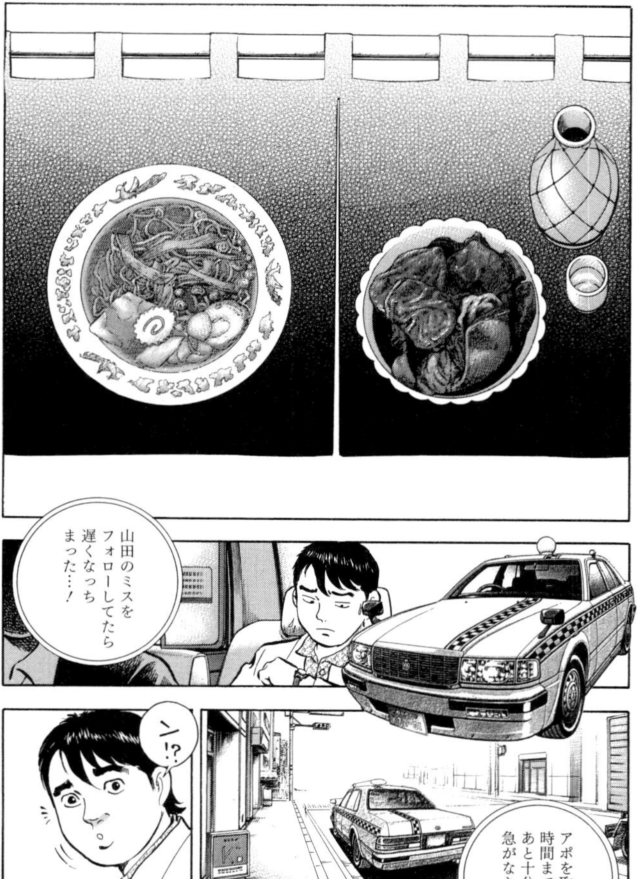
山田のミスをフォローしてたら遅くなっちまった…！
アポを取った時間まであと十分…急がなきゃ…

ちょっと停《と》まってください！
スー…
ああカネスね
この近辺じゃ有名な居酒屋ですよ
居酒屋？

でも
のれんに
中華そばって
お客さん
急いでるん
でしょ
あ！
謎めいて
ますよね…
お願い
しますっ！
ブォォォ
帰りに
寄ってみよう…
―一週間後―
都営地下鉄
TOEI SUBWAY
一之江駅
Ichinoe Sta.
よく
見つけた
わね
カネス！
一度
来たかったけど
機会がなくて
ね
エヘン！

ふう…
間に合った
呑みとなると
遅刻しない
ね
誰です
か？
妹の洋子《ようこ》
よ
今
大学四年生
今日
コの字酒場で
呑むって言ったら
来るって
この人かァ
ヘタレの後輩
って
ヘタレは
余計でしょ！
さ
行きます
よ

ここがカネス…
ここって何屋さん？
居酒屋と中華そば…
のれんが二種類ある
わたしこっちから入るわ
わたしはこっち
ガララ
あ！なかは一緒か

広〜い！
何だかすごくレトロ〜
いらっしゃいませー
さ入った入った！
お好きな席へどーぞ
お！

若いコ
見ながらの
酒はうまい
だな
呑み物
何にします?
歩いて
きたから
喉カラカラ
生ビール
三つ
ください
はーい
壁の写真
見てください
たしか
創業昭和七年
八十年以上の
歴史あるお店よね
古い電車や
家の写真
すごーい
そんなに
古いんだ?
はい
生ビール
カネスに
カンパイ
!!
ゴキュ
ゴキュ

ぷはーっ!!
おネーちゃん いい呑みっぷりだね！
このコ わたしより 呑んベエ なんだから
お鍋のなか 何なんですか？
モツ煮 ですよ
馬のね
ヘエ！ めずらしい！
それを 食わなきゃ カネスに 来た意味 ないってね
そー そ！
お姉ちゃんも 食べる？
もちろん！
ヘタレの 後輩さん は？
食うよ！
まったく 姉妹そろって 口が悪いん だから…

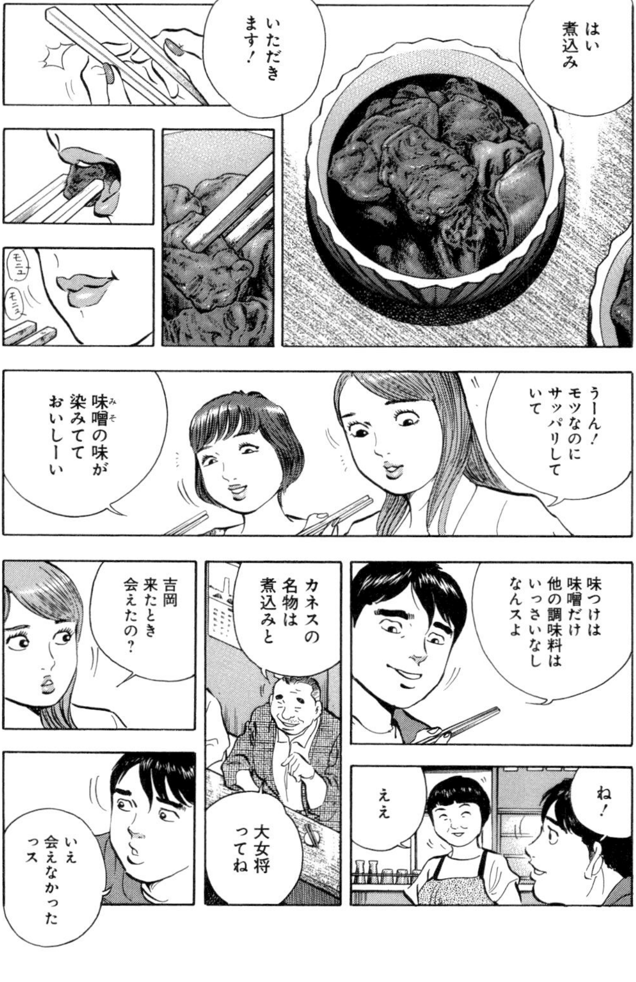
はい
煮込み
いただきます！
モニュ
モニュ
うーん！
モツなのにサッパリしていて
味噌《みそ》の味が染みてておいしーい
味つけは味噌だけ
他の調味料はいっさいなしなんスよ
ね！
ええ
カネスの名物は煮込みと
大女将ってね
吉岡
来たとき会えたの？
いえ
会えなかったっス

御歳《おんとし》96歳
いまだ現役の大女将！
小学生の頃から店の手伝い
算盤《そろばん》はじいてお客の勘定
戦中は空襲のさなかリヤカーでビヤ樽《だる》運んで
終戦後はヤクザの嫌がらせにも負けずに
旦那の身体が弱くて
その分一人でガンバッて
必死にお店を守ってこられた！

その間
毎日毎日
馬のモツ茹《ゆ》でて…
汁が少なくなったら
継ぎ足し継ぎ足し
一年中…
それを何十年も
大女将の
汁と涙の結晶の
様な
この煮込み
苦労話は
いいよ
源《げん》ちゃん
竹《たけ》ちゃん
あ！
エッ!?
エッ?
いらっしゃい
ませ
ほどほどに
呑んで
ほどほどに
食べていってね

うちに来て あーよかった 楽しかった…と 思ってくれる のが
わたしの 生き甲斐《がい》 だね
グーーッ
ビール お代わり ください！
…と 柳川《やながわ》 を！
トン
柳川 六〇〇
煮こみ 四〇〇
わたしは ウーロンハイ と
梅キュウリ
エーッと チューハイ と
山かけと サキイカ 全部二人前で
一人前に しておいて おいしかったら また たのんだら？
あ はい
やさしい 気遣い
ほんとの おばあちゃん みたい
あ
クス

お待ちどおさま
柳川と
梅キュウリに山かけ
サキイカです
いただきまーす♪
アフ
アフ
うーん
おいしい!

ポリ
ポリ
キュウリが
新鮮！
海苔《のり》が
おいしい！
イカスミで
味つけして
あるから
なおうまい！
クチャ
クチャ
ガララ
いらっしゃい！
サラリーマン？
女将さん
ラーメン
二つ
新人研修
終わって
明日から
支店に配属
ひろしちゃん
仕事は
慣れたかい？
ここの
ラーメンで
ゲンカツギ！

〆は
ラーメン！
ラーメン三つください
ラーメン 五〇〇
ワンタン 五〇〇
ワンタンメン 五〇〇
各大盛 六〇〇
はーい
ジュル…
アッサリとした醤油味のラーメン…
呑んだあとにぴったりだ…

ズズッ
ズッズズッ
チュルルル
ごちそーさまァ…
ありがとうございました！
まだ明るい
カネスに誘ってくれて感謝するわ吉岡
アハハ
イヤイ
これでヘタレは卒業かな？

それは
まだ
ないね
プ
さ
帰りますよ!
また来てくださいね
うん!!
元気をもらいに
来るよ!!
ス

コの字に“ほの字”⑥

元気が出て、走り出したくなる
モツ煮込みを求めて

一之江

「大衆酒場カネス」

住 東京都江戸川区一之江6-19-6
☎ 03-3651-0884
営 月曜から土曜／16:30〜22:00
日曜、祝日／12:00〜22:00
休 水曜 ※第3水曜は木曜と連休

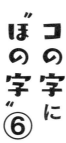

入り口には二つの暖簾があるが、別々の店ではない。コの字カウンターのなかにはモツ煮込みの大鍋がある。それを見守る女将さんが出迎えてくれる。

駅から遠い。でもアレが食べたい。だから足がそこへ向かう。一之江《いちのえ》の「大衆酒場カネス」である。遠くて、あきらめて帰ろうかと思うが、アレを食べたいがゆえにてくてく歩く。正確にいうとアレとアレを食べたいから歩く。やがて忽然と姿を現す店。暖簾をくぐると、黒光りする巨大なコの字カウンターが出迎える。長い歴史を誇る酒場だとうなずかせる。コの字カウンターのなかには大鍋があって、ぐつぐつとなにやら煮えている。鍋の蓋がまた良い。背後から襲いかかる宮本武蔵の一撃を止めた、塚原卜伝《ぼくでん》の持っていたあの蓋みたいに年季が入っている。

長い距離を歩いた体は冬でもほてっていて、いきなり熱い煮込みという気分にならないことが多い。それで、とりあえずイカスミで真っ黒く味付けしたサキイカをつまむ。サキイカのくせにやけにコクがあって、これがいい。ビールがすすみ（この時点で二杯は空）、いよいよ煮込みへとうつる。女将がお玉ですくうあたりで、手元の猪口で口のなかにお酒の香りを漂わせておく。褐色といっても決して黒ではない煮込みを目の前にして、じっとはしていられない。少し多めに唐辛子をふって、やおらモツを口にはこぶと、これがふわふわと柔らかいのにちゃんと歯ごたえがある。歯ごたえがあるからかじった瞬間、モツが吸った汁が口中であふれる。醬油とモツの出汁が、これ以上足し引きできない調合で仕上がっている。二つ三つ食べると、元気が出て走り出したくなる。聞けば馬のモツだという。なるほど。

具は馬のモツだけ、というカネス名物の煮込み（上）。〆にぴったりのラーメン（下）。濃いめの醤油だが、味はあっさりとしている。

運が良ければこのあたりで、一世紀近くを生きている大女将に会える。お嫁さんである若女将と二人の、なんともいえない滋味のあるやりとりで杯がすすむ。冷や酒をこのペースでいくとぐでんぐでん、慚愧《ざんき》の酒になりそうなので焼酎ハイボールにかえる。そして、奥の厨房にいる大女将の息子さんである大将に声をかける。

「ラーメンください」

これが二つ目のアレ、である。この店をやりつつ、中華料理屋で修業したという大将のラーメンは、濃いめの醬油ラーメンである。色目とは裏腹にあっさりとした味のスープ。ちぢれ麵によくからませ、すする。醬油の香りが鼻にぬける。麵はコシもよく、熱いが、その熱さなんてどうでもいいほどに、二口目にいきたくなる。途中、メンマをつまみ、ハイボールで口を潤す。あっという間に丼もグラスも空。

やがて大女将が戦争中の話をしてくれる。空襲のなか、配給のビールをリヤカーで運んだ話。店の裏手に爆弾が落ちた話……。こうやって気楽に吞める時代のありがたみをしみじみ感じる。そうして、コの字を囲んでいた面々がそれぞれに平和の町を帰っていく。……そして二〇一六年に大女将は亡くなった。カネスは大将とそのお連れ合いの若女将がつづけている。

コの七 赤羽「まるます家」

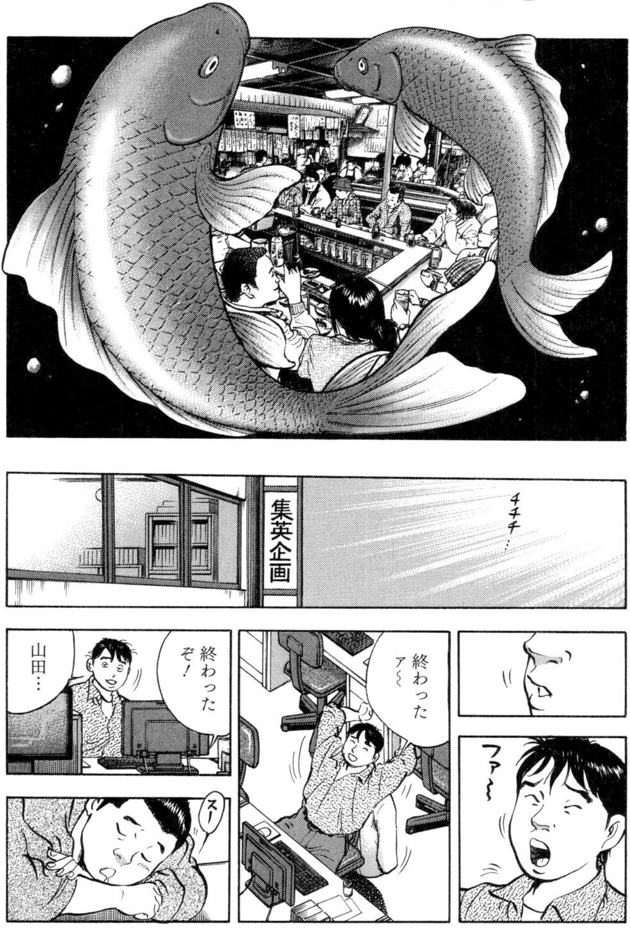

山田ッ!!
ン？
あ…
どーも
何が
どーもだよ
お前のミスの
尻ぬぐいで
徹夜になったん
じゃねーか！
さーせん
お前さァ…
どこ
行くんだよっ！
あ…
これから
約束が
あるんで
や…
作成
To: 恵子先輩
件名
本文
先輩！ムカついてます！！
今から呑める店って
ありますか！？

From: 恵子先輩
xxxxxxxxxx@domoco.co.jp
To:
件名 Re:
またまた後輩の山田のトラブル？
それならいいお店あるわよ。
JR東日本
赤羽駅(東口)
赤羽駅(東口)
Akabane Station (East Entrance)
こんな時間に
From: 恵子先輩
xxxxxxxxxx@domoco.co.jp
To:
件名 Re:
JR赤羽駅東口出て
一番街の通りを先に
にある「まるます屋」
開いてる居酒屋あるのか？
1番街
先輩にからかわれたかな…
お…！

御家族づれに
鯉とうなぎのまるます家
あった!
まるます家
もう人が並んでる
ガラララ
タタタタッ
開店待ちですか?
いや 席が空くのを待ってんだ
一杯呑んでサクッと帰る客もいるしな
お二人さま どうぞ
あいよ

ホントに朝九時から開いてるんだ…
バシッ
恵子先輩ッ！何でッ!?
赤羽《あかばね》に用事があってね
用事？
何ですか？
ほら前が入ったよ
あ…
お二人ですか？
はい
どーぞ
お二人さん御案内〜っ！
まるます家
アサヒビール ジャンボ酎ハイ
まるます家
新潟長岡 長陵
いらっしゃいませーっ！

おーっ!!
広いっ!!
コの字カウンターが
二つもある!!
空いてる
お席へ
どーぞ
ほら
ボーッと
しないで
入って
あそこが
空いてる
わ
お呑み物は?
えーと…

ジャンチュー モヒート ください
…と たぬき豆腐
はーい
ここで モヒート ですか？
バーじゃ あるまいし
はい モヒート です
CHU-HI
hiLiki
PLAIN
1000ml
これが…？
まるます家の 名物よ
キシュ
ジャンは ジャンボの略ね このボトル 特注らしいわよ
ヘェ
シュワ
シュワ
ライム 搾って
ミント 入れて
ガシャ
まぜる！
ガシャ

ガーッと呑む！
ゴク
ゴク
ゴク
どう？
ぷふーっ
徹夜明けの頭には効きますね！
たぬき豆腐です
これがたぬき…
あげ玉が入ってるでしょ
なるほど…それでたぬきか
お豆腐にワカメとキュウリカニカマが入って
味つけはそばつゆね
これもザクッとまぜて食べてみて

ムニュ
モニュ
うん！冷やしたぬきの豆腐版！
この狸《たぬき》いけます
ちなみに赤羽には狸坂《たぬきざか》ってとこもあるのよ
俺ウンチク言う女キライ
いいじゃん他人のことは
鯉《こい》あらいとお刺身ください
エーッ
俺川魚って苦手だよ
もう！いちいち文句ばかり
ニイちゃん鯉は精がつくんだぜ
ホントっスか！
じゃあ食べよう！
何かヤな感じスね
後ろのヤツ
後ろのヤツわたしのこと批判したわね
そっち
…

キミにも スタミナつけて もらうわよ
エっ!?
徹夜明け でしょ
そ そうです けど
鯉の生刺《なまさし》と あらいと 鯉こく お願いします
はーい
生刺は わかるけど あらいと鯉こく って何ですか?
お酒類1人 3本まで!!
本日 おすすめ品
薄切りの刺身を 氷水にくぐらせ 身を締めたのが 鯉のあらい
輪切りの切り身を 味噌汁仕立てに したのが 鯉こくよ
ヘェー 色々 あるんです ね
はい 鯉こく お待たせ

熱いうちに飲みなさいよ
はい
ゴク…
うーん…
温かい味噌汁が身体の芯にしみ込んでいく
鯉の身を
フー
アフアフ
ホロホロほぐれてうまい
ゴキュ
たまんないスね！鯉こく
でしょ
お待たせしました

鯉あらいと
生刺です
これを食べなきゃここに来た意味ないわね
まずはあらいから
酢みそで
ムチュ
チュ

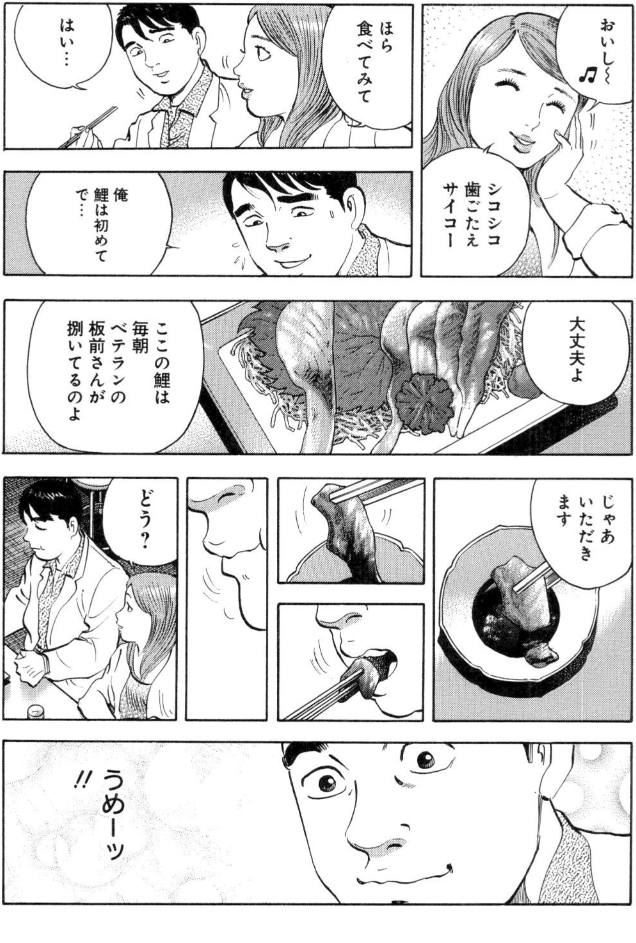
おいし〜♪
シコシコ歯ごたえサイコー
ほら食べてみて
はい…
俺鯉は初めてで…
大丈夫よ
ここの鯉は毎朝ベテランの板前さんが捌いてるのよ
じゃあいただきます
どう？
うめーッ!!

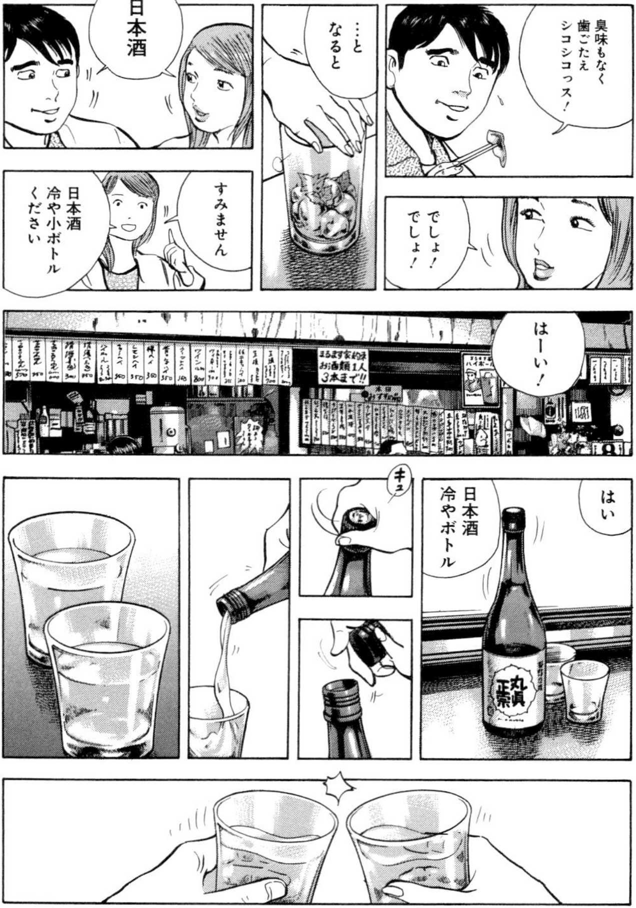
臭味もなく歯ごたえシコシコッス！
…となると
日本酒
でしょ！でしょ！
すみません
日本酒冷や小ボトルください
はーい！
まるます家約束 お酒類1人 3本まで!!
はい
日本酒冷やボトル
キュ

キュ
ふう
高い天井
二つのコの字
客の気持ち良さそうな赤い顔…
まるで風呂屋みたいだ!
朝風呂気分で朝酒してるんだな…

スッポンなんか
あるんだ
たのんじゃお
精をつけなきゃ
ヒヒヒ
何か
ヤラシイ
後ろのヤツ
セクハラじゃ
ないの
けど
スッポンって
高級な
イメージが
あるから
ここの
人気メニューの
一つよ
スッポン鍋
750
500
…ですね
女のコ
困ってる
まさか
居酒屋に
あるとは
俺も
スタミナ
つけよーかな
マジで
つき合って
くれないかなァ
何?
それ?
ガタ
呑みサークルの
先輩だから
しょうがなく
これまで
呼び出しに
応えてたけど
ドン
緊急の用事って
言うから
大学さぼったん
だよ
行けば
よかった
もう
二度と
会いません
から

そりゃあ ないぜ
俺に 気があるから 会ってくれ たんだろ
バッ
ジョーダン じゃ ないわ!
ドン
あ… スミマセ…
ムッー!
あわ!!
山田ッ!!
せ
先輩ッ!!
な… 何で 先輩が ここに!?
そりゃ こっちの セリフだっ!!

エッ⁉ 山田って あのダメな ヤツ？
そーです！
お姉ちゃん 知ってるの？
洋子ちゃん！
な… 何？
お姉ちゃん？
先輩…？…
ダッ
さよならーっ！
洋子に しつこくして くる男ってのが あの山田とは
あの野郎 どんな顔して 出社して くるか…
あのォ
スッポン鍋 どうしま しょう
食べまーす!!

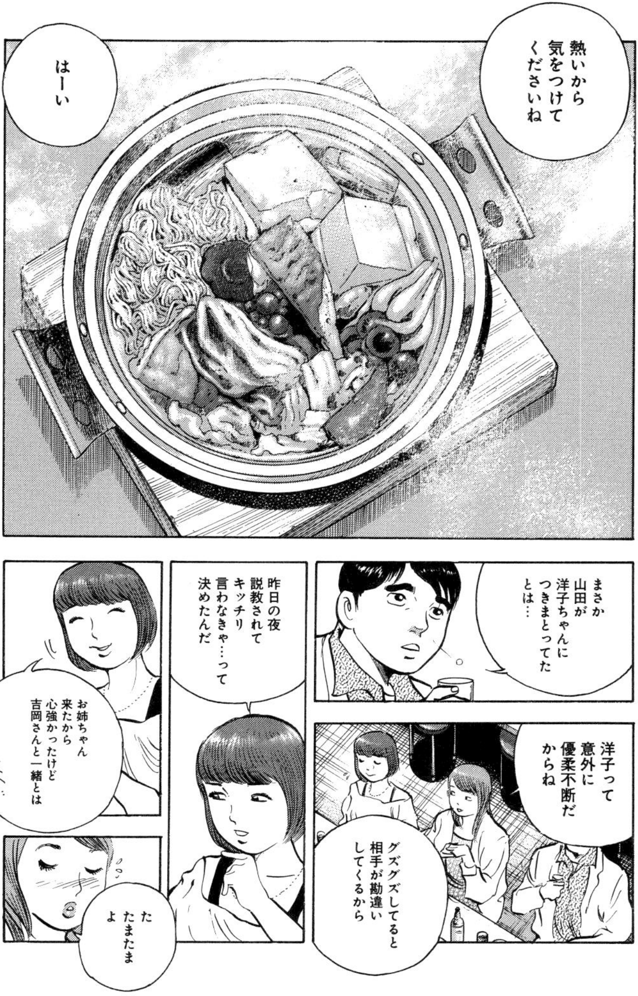

熱いから気をつけてくださいね
はーい
まさか山田が洋子ちゃんにつきまとってたとは…
昨日の夜説教されてキッチリ言わなきゃ…って決めたんだ
洋子って意外に優柔不断だからね
グズグズしてると相手が勘違いしてくるから
お姉ちゃん来たから心強かったけど吉岡さんと一緒とは
エヘヘ…
たたまたまよ

さアー
スタミナ
つけるぞォ
鯉でじゅうぶん
つけたでしょ!
野菜と
スープに
しなさい!
エーッ!?
身は
わたしたち
女性陣が
いただくわ
何たって
コラーゲン
たっぷり!
女性の肌には
大事よ
お年頃の
お姉ちゃんには
特にね
うるさい
!!
おいしー
スープ
うまーい!
スープにも
エキスが溶けてる
から、
スタミナつくよな!
……
ゴク

昭和25年創業
まるます家
まるます家
あー呑んだ…食った!
鯉とうなぎのまるます家
この先に立ち呑みのおでん屋あるけど
行かない?
いーわねェ
まだ呑む!
それともわたしお邪魔かしら
な…何言ってんの!
な何言ってんスか!
ほら早く案内して!
吉岡!ちゃんとついて来るのよ!
あ…はい!!
焼肉
漢陽苑
八起
アスミスポーツ

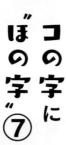

コの字に“ぼの字”⑦

一軒で二軒分楽しめる
圧巻のダブル・コの字

赤羽

「まるます家」

住 東京都北区赤羽1-17-7
☎ 03-3902-5614
営 11:00～19:00
休 月曜 ※第2、第3週のどちらかは月火の連休

二つの大きなコの字カウンターが店内に鎮座する。一軒でコの字酒場二軒分楽しめる？　壁一杯に貼られたメニューはどれもハズレがなく旨い。

朝から大行列のコの字酒場が「まるます家《や》」である。赤羽《あかばね》は旨い酒場がひしめきあう町だが、彼の地のランドマーク的な存在として東西にその名を知られた名店である。

朝から店先では、店の名物の鯉やナマズが捌《さば》かれている。初めて見た客はギョッとするが、この店の前を通学路にしている小学生達にとって、それは日常である。日々、名店の仕込みを横目で見つつの通学は最高の授業の一つになっているはずだ。人はモノを食って生きている。そういう哲学というか事実を知らず知らず身につけてしまう。

まるます家は大きなコの字カウンターを二つ合体させたダブル・コの字である。そして一軒でコの字酒場二軒分楽しめる、といってもさしつかえないほどに豊富で旨い肴が揃っている。

壁のメニューを数えてみたことが何度かあるが、いつも途中で投げ出す。こちらの根性が据わってないことを差し引いても、圧倒的なメニュー数である。こういうところでは直感を頼りにするにかぎる。そもそも、ダブル・コの字に並んだ顔という顔が満足そうな笑みをたたえている時点で、メニューにハズレがないのは自明なのである。

川魚が名物だから、ここは鯉をお願いする。鯉といったらあらいに鯉こく。この二つにくわえて、ここは刺身も用意している。さっそくたのむ。そして、はじめに日本酒を一合もらう。

川魚、とりわけ鯉については苦手と口にする人が存外多い。そういう人にこそ、ここ

さっぱりコリッとした味わいの鯉あらい（上）。鯉こくは、鯉のあら汁のこと。身はホロホロで酒の肴にもなる（下）。

の鯉を味わってほしい。鯉あらいは余計な脂を落としたさっぱりコリッとした身に濃いめの酢みそがあいまって、あっという間に食べきってしまう。途中で鯉を味噌で煮た鯉こくに箸をつける。ホロホロになった鯉の身をほぐしつつ、少し濃いめの汁をよくからめて食べる。汁を飲む。途中でわずかに七味をふると、味噌の甘さを辛味が引き立て、さらに味が増す。日本酒一合はすっかり消えている。

そして鯉の生刺。控えめながら、すっきりした歯触りとかすかな脂をともなった、すっと芯のとおった旨味。舌のうえで出過ぎず、しかし鯉であることをしっかりと記憶させつつ胃の腑《ふ》へと流れていく。これが店で人気のジャン酎モヒートにぴったりとあう。チューハイにミントとライムをあわせた和洋折衷なモヒートは、当然のように和食にも洋食にも相性がいい。

まだまだ食べたいものがある。楽しみは尽きないが、時間は大丈夫かと外を見ると、まだまだ明るい。これが心地いい。酒の最高の肴は太陽の光だ、などと真顔で考えだす。しかし、太陽で腹は満たされない。結局、さらに肴を注文し、ジャン酎をぐいぐいとあおる。向かいの客と目があい、空中で乾杯する。たまらない時間である。

コの八　松戸「酒処 ひよし」

松戸駅
西口
West Entran
西入口
Matsudo Station
松戸《まつど》か…降りるの初めてだな
ピルルルル
あ！先輩っ！
今着きました

駅出たら
真っすぐに…
階段を降りて
左に入って…
ひよし
ひよし
ここだな

こっちよ！
早かったわね
先輩の呼び出しですからね
いらっしゃい！
あ…このヒトがヘタレの後輩
エッ!?

せ…先輩…
ヤバ
大将覚えてたの?
あ…
よく耳に入ってきましたからね
どーゆうことですかァ?
エへへ…
学生時代友達が松戸《ここ》に住んでいて
ちょくちょく呑みに来たのよ
そのとき部の話をよくしたの
その頃店は親父《おやじ》が仕切ってて
俺はまだ仕込みを手伝うくらいでなかに入ってて
すいません余計なこと言っちゃって
その友達って男ですか?
パサ
女子よ

気になった?
全然ッス!
何呑むの?
ウフ
グラスの生を
グラスの生くださいね
あいよ
まずオススメは煮込みね
これまだ手をつけてないから食べてみて
はい生ビールグラス
じゃ
松戸のコの字に
カンパイ!!
チーン

モニュ
モニュ
いい味つけ!
モツも口の中で溶けるやわらかさだ!
ゴキュ
うまいっスね!
でしょ!
こんちわ!
おっ
一番乗り
奥に席取ってあるよ
はい

このお店
コの字の奥は
座敷席になってるのよ
ホントだ！珍しいですね
でしょ
こんばんは！
ゾロ
ゾロ
お邪魔しまーす！
こんばんはーっ！大将！
おっ！主役登場だね
主役…って？
何か始まるの？

あのお二人結婚されるんですよ
…で今夜は友人集まって前祝いってわけ
二人の出会いがウチでね
だからね
そうなんですかァ！
先輩はどーなんです？
どうって何よ！
決まってたらキミを誘って呑まないわよ
さァ今夜は呑むよ食べるよーっ!!
ウッサイッ!!
ですよねー
グ～ッ
今夜も…でしょ
パラッ

さーて…
次の肴は何を…
よし！
刺身四点盛り
オジサン刺身
大将
オジサンを入れて盛り合わせを
あいよ！
オ
オジサンてどこの？
プ
？
はい
オジサン入り盛り合わせね

オジサン…って
ヒメジ科の魚のことよ
この白身
どれ…
うん!
ほんのり脂がのってて
上品でうまい!!
オジサン…っていうより
イケメンよね
これは熱燗ッ!!
息が合うね
!

お似合い？
ふ
いやいや
いや
頼りない
後輩
大酒呑みの
こわ〜い
先輩
まあ
まあ
はい
熱燗ね
お！
ヤカンだ
昔と
変わらない
わね
お客さん
皆さん
これを
気に入って
くれてて

カンパ〜イ!
大将 お酒追加です!
あいよっ!
盛りあがってますね!
すすいません!
クイ
エ?
クイ
こっちも食って呑んで盛りあがるよーっ!!
エーッと…
色々あって迷うなア…
よし! おでん盛り合せとサイコロレバーね!
豚レバーサイコロステーキ 400
ほっけ焼き 500
豚の角煮じゃが芋付 550
おでん盛り合せ 450
パチビキ 煮付け 550

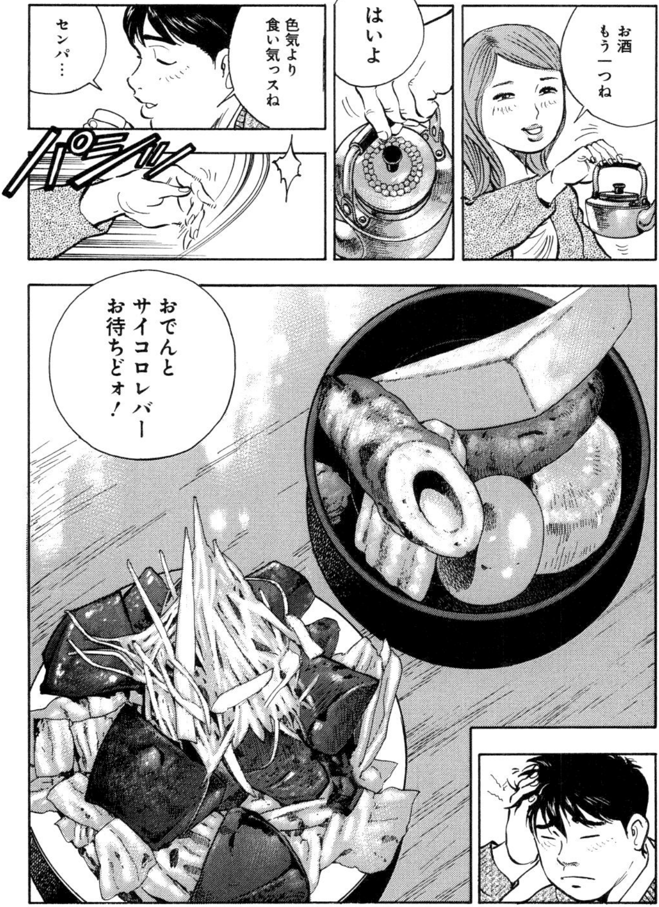
お酒 もう一つね
はいよ
色気より 食い気っスね
センパ…
おでんと サイコロレバー お待ちどオ!

モニュ
シュ
レバー香ばしくておいしーっ
アフ
あーっ！大根食べたァ！
ングッ!!
ふ…ふいまへん…
モオ
玉子は取っといてよ！
ふあい

特別だよサービス！
やったァ♪
先輩ホント楽しそう
これじゃ当分恋とは無縁かな…
このお店
アフ
おツユが染みた大根おいしーっ…
先輩が呼んだのわかるなァ
お酒も料理もホントおいしい…
大将口直しにセロリマヨネーズとモロキュウお願い！
あいよっ!!

うちの理想の楽しみ方ですね先輩！
エヘ
後輩さん見習わなきゃね
はい…
はい！セロリマヨとモロキュウです
これこれ
パリ
う〜ん
いただきまーす
新鮮パリパリ！

パリ
ポリ
パリ
うま〜い!!
口の中がサッパリする!
でしょ
さーて…次は何を…
肉味噌オムレツ 500
肉味噌オムレツ!!
ウチの名物!!
ウマイッスよ!
楽しみィ
もう一度カンパーイ
おめでとーーっ!!

ワッハハハハ
普通のコの字と違って座敷も一緒だからにぎやかね
ええ
こっちはゆったりしつつお祭り気分も味わえますね
ひよし名物肉味噌オムレツ！
わぁ!!

これは！
究極の和洋折衷だァ！
カチャ
アフ
アフ
うまーい！
肉味噌とふんわりオムレツ合う！
酒にも合うわ！
こっちもお祭りだァ――
わっしょい
わっしょい
松戸

コの字に
“ほの字”⑧

顔は二枚目、
口は三枚目、
腕は名人の三代目に酔う

松戸
「酒処 ひよし」

住 千葉県松戸市本町19-9
☎ 047-362-3182
営 17:00〜22:00
休 日曜、祝日

左奥の一辺が座敷とつながっている珍しいタイプのコの字カウンター。
三代目の軽妙なトークも、ひよしの名物（?）かもしれない。

「酒処《さけどころ》 ひよし」は、一風変わったコの字酒場である。コの字カウンターの一辺が座敷とつながっている。

切り盛りするのは三代目。創業者の孫にあたる。元気がよくて隙あらば冗談がとびだす。顔は二枚目、口は三枚目、腕は名人、である。コの字カウンターのなかの三代目の姿は高座にあがった噺家の佇まいと少し似ている。

肴は豊富である。一風変わったものも多い。たとえばセロリマヨネーズという品は、マヨネーズが独特で、ごく単純に野菜を食べたつもりが、濃厚なチーズかグラタンでも食べたかのような満足感を得られる。

肉味噌オムレツもパンチがきいている。大きく澄んだ黄色のオムレツは、フランス帰りの絵描きが昼食に作りそうなくらい美しい。そこへ台湾の屋台が似合いそうな重厚な肉味噌が山のように盛られている。もはや国境などどこにもない。旨いものをかけあわせてみようという、三代目の進取《しんしゅ》の気性といい意味でほんの少しのてらいが見えて、こちらもさあ食ってやる、となる。

意気込んでざっくりオムレツを箸で崩せば、卵の汁が流れ出すポイントをギリギリで通過したぷるんとした断面が顔をだす。そよ風でもぷるぷるとふるえるであろう、いい焼き加減である。これに肉味噌を大胆にからめる。卵色に、深みのある茶色の肉味噌という色合わせは、唾液鉄砲の引き金である。卵と肉味噌にむかって集中砲火。さっと口

ヤカンで供される、お燗（上）。パンチのきいた逸品肉味噌オムレツ。
ぷるんとした卵と肉味噌の旨味が同時にせめてくる（下）。

に入れると、オムレツのかすかな甘さに味噌の塩味のきいた肉味噌が一緒になってせめてくる。ぷるぷるオムレツはもはや流体となって肉味噌と雪崩をうって喉へと流れていく。旨い、と三代目に言えば、

「オムレツと肉味噌がお好きなら……」

と素っ気ないふりをして白い歯をだして笑う。箸がすすむ。

酒はお燗をたのむ。酒器はアルミのヤカンである。ひよしは屋台からスタートした店である。こういうところで店のオリジンを大切にしているのだろう。薄いアルミのヤカンは、温まりやすい反面、冷めやすくもある。それを承知で注文する。つまりは冷めないうちにグイグイやりたいのである。そのうえ、コの字の角を挟んだ常連さんと話があった時に、「お一つどうぞ」と一杯注ぎやすい。なんと素敵な酒器であろうか。感心してヤカンを眺めていると、

「普通のヤカンですよ」

と三代目がつっこむ。こんなやりとりをくりかえし、いつの間にか泥酔し、お勘定となる。お釣りをうけとる時、何かを言いそうになって、口をつぐむ。噺家に「面白いですね」とは言わぬように、「三代目って面白いですね」と言ったら絶対に嫌がると思うので、そのセリフは最後の切り札にとっておくのである。

コの九　秋葉原「赤津加」

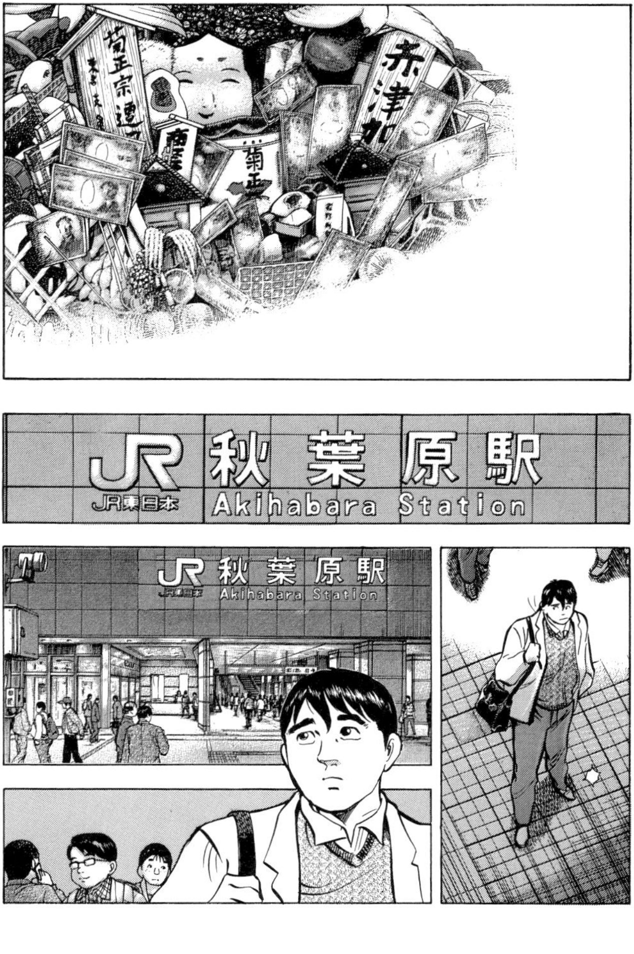

赤津加
菊正宗
JR 秋葉原駅
JR東日本
Akihabara Station
JR 秋葉原駅
Akihabara Station

この街にコの字酒場があるとは思えないな
でも恵子先輩の指定だから…
先輩コスプレしてたりして…
ぷ

何をニヤついてるのよ!
あ…いえ…スミマセン…
エーッと?どこで待ち合わせ?
あ…はい…
あ先輩!
明日アメリカ人のイラストレーターを接待することになりまして…
集英企画
どうした?
ほォ
今日本に長期滞在しているんです

その人
相当
日本好き？
二十年ぶりの来日なんですが結構な日本通でして
寿司屋《すしや》やスキヤキより居酒屋がいいって…
わたしは寿司かスキヤキがいいなァ…
ダメッス!!
…でどこかコの字酒場を教えろってわけね
了解よ外国人が喜びそうなお店選んで案内するわ
この交差点で待ち合わせ？
ええ秋葉原《あきはばら》ならここがいいって指定されました
16bit
今は…外国人のほうが詳しいですからね

パシャ
居た！
ジョーンズさん！
オ！ヨシオカ！
早く着いたんでメイドさん撮ってました
こちら僕の大学の先輩の田中恵子さんです
酒場に詳しい人なんです
よろしく
こちらこそよろしく！
お店こっちです
萌《も》え居酒屋さんですか？
いいえ純和風のお店ですよ
それは楽しみでーす

こんな通りに…？
ア
ここよ 赤津加《あかつか》
ホントだ！ 昔ながらの酒場が こんなところに！
大衆割烹
赤津加
赤津加
菊正宗
赤津加
昭和二十九年創業の 老舗《しにせ》の酒場よ！
いいですねエ
へエー
入り口は こっち…

玄関の感じもいいなァ…
のれんも渋くて…
赤津加
営業中
カラララ。
予約した田中ですけどォ
あ いらっしゃいませっ！
手前のカウンターのお席へどうぞ

スバラシイ
和のお店です
ね！
あの
漢字は
何ですか？
昔 駅の辺りに
あった
神田《かんだ》青果市場《せいかいちば》の
お店の屋号《やごう》らしい
わよ
あの字
は？
品書き
よ
ヘエ！
知らなかった
メニューね
左のは
今日のオススメ
料理
なるほど

イラストを描くのに写真撮らなくていいんですか？
チッ
チッ
写真に頼らないねボク
見た記憶で描くほうが印象が強いね！
そうよね！
絶対イラストに味が出るわよね！
ケイコさんわかってくれる！
ステキなお姉さんですね
あ…最初は何から呑みますか？
やっぱり生ビールから
生三つお願いします！
はい！
イエース！
はい
プシュー

カンパーイ
グッグッ
ケイコさんいい呑みっぷりね！
これからですよ本番は！
ゴキュ
ゴキュ
ハズカシイワ…
ドスッ
ウッ
若鶏《わかどり》の唐揚げくださいい！
はーい！
ガラララ
いらっしゃいませーっ！
予約した鈴木《すずき》です

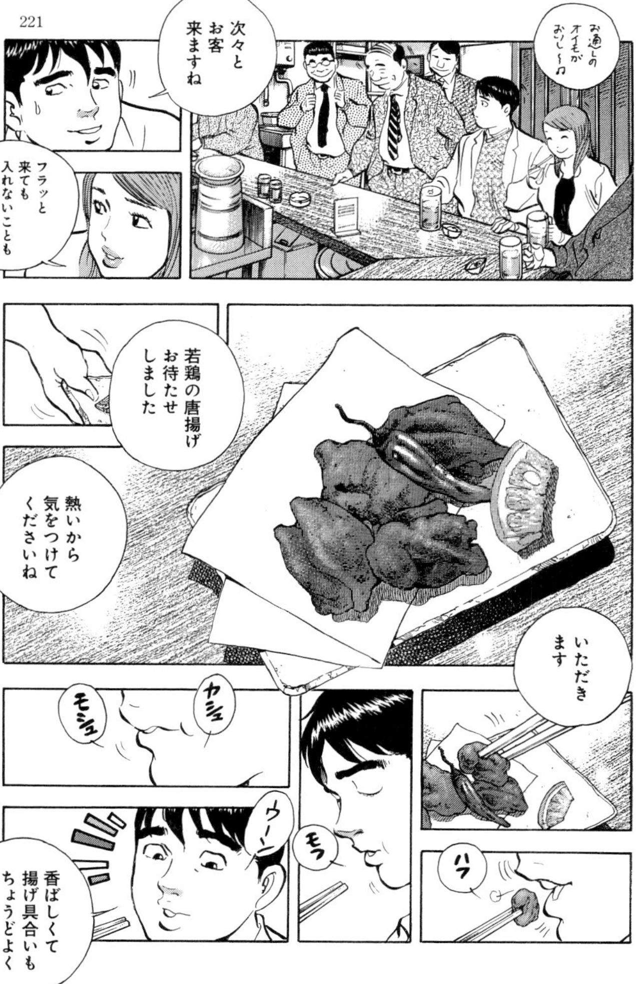
お通しのオイモがおいし～♫
次々とお客来ますね
フラッと来ても入れないこともあるわね
若鶏の唐揚げお待たせしました
熱いから気をつけてくださいね
いただきます
カシュ
モシュ
ハフ
モフ
ウーン
香ばしくて揚げ具合いもちょうどよくうまいっ！

ゴキュ ゴキュ
プハー
ビールにメッチャ合う！♪
ホントオイシイ!!
あっという間に無くなりそう
あれは何ですか？
お燗器ね
日本酒を温めるためのものよ
初めて見る機械です
呑みたいですゥ
よし！お酒に移るわよ！
熱燗二合ください
それとだし巻玉子と
あいなめのお刺身を
はい！

はい熱燗二合とだし巻玉子
それにあいなめのお刺身です

ッ!!
持つところ気をつけないとね
なるほどケイコさんホント物知りね
いえ…お酒が好きだから
……
グビ
フウ
温かい酒身体に染み込んでいきまーす
じゃあ今度は僕が…

どーも
すみません
あいなめ
全部食っちゃ
おうかな！
ひがまない
の！
はい
だし巻
いただき
まーす！
日本の魚
ここの刺身
ホント
オイシイネ
ほんのり
甘くて…
これは酒に
合いますねーっ

コク
もう空いちゃいましたよ
クイ
グビ
すみません お酒二合 二本くださーい
はーい
料理もおいしいからペロリといっちゃうね
ジョーンズさん 何かリクエストは？
天ぷらはお好き？
ケイコさんの次にスキです
ケイコさんにおまかせします
もォ…

はい
お酒二合
二本ね
先輩
いつもより
顔が赤い
ですよ
はい
妬《や》いてるの？
ま
まさか！
生ししゃもと
舞茸《まいたけ》の
天ぷらね
あと
いか
みりん焼き
ください!!
はーい

ザク
ザク
ハア！おいしくて舞いたくなるから舞茸ね
ホント…お酒が進んで酔って舞うかも…
いかみりん焼きです
モキュ
モキュ
こりゃまた味が濃くて酒が進むなァ

あちら側の
カウンターにも
外国の方が…
やっぱり
ここに
案内された
のね
ニコ
赤津加
ホント
この字酒場
スバラシイ
です！
文化の最先端の
街にも
しっかり生き残る
昔ながらの日本…
いいイラストが
描けそうです

ブーブー
山田からだ
山田
留守番電話
再生
閉じる
再生
用件は何だろう？
ジョーンズさん山田から伝言入ってます
オー
フムフム
山田って…あの？
そうですあいつもジョーンズさんが気に入りそうな店を探しているらしく…
フム
サンキュー
何か？
これからヤマダさんと合流します

もう一つの日本の文化を案内してくれるそーです
何でもニンジャ居酒屋とか
ニンジャ
居酒屋？
じゃ行ってきます
ケイコさんまた会いましょう
…大丈夫かしら？
ガラッ
ありがとうございました一っ！
♪

お酒二合を一つ熱くしてください
えーっと…
鶏もつ煮込みと
豚角煮お願いします
はーい
はーい
いい選択ね！
二つとも赤津加の名物よ
キミも鼻が利くようになったのね
先輩の教え方がいいですから
ほめても
何も出ないよ
しょうちゃん
十分にいただいてます

神楽坂《かぐらざか》では
コの字酒場の
洗礼を
受けて…
うまい〆の
ラーメンと
人情の横浜の
コの字
錦糸町の舟形の
コの字じゃ
江戸ッ子に
きたえられ
たっけ…
自由が丘の
うなぎの寝床
みたいな
コの字…

うまいものの森みたいな町田の隠れ家コの字…
何でも知ってる一之江《いちのえ》のコの字の大女将と馬の煮込み
赤羽のダブルコの字は花舞台って感じだったよなァ…
そして松戸はイキのいい三代目大将がいる座敷つきコの字…

最初は
緊張したけど
どの店も
おいしくて
ホッとする
安らぎの
コの字酒場…

鶏もつ煮込みと
豚角煮です

コクがあっておいしい
ムニュ
モニュ
うほっ！口の中ですぐに溶けた！
よーし…秋葉原のコの字を
楽しみましょう！

先輩
いいコの字
ありがとう
ございました
もう一軒
行くからね!
グビ
何よ
改まって
あ…
はいっ!
これからも
先輩に教わって
コの字酒場を
極めるぞ…!!

コの字に〝ほの字〟⑨

オタクの聖地に佇む、
黒塀に白壁が目印のコの字酒場

秋葉原
「赤津加」

住 東京都千代田区外神田1-10-2
☎ 03-3251-2585
営 11:30〜13:30、17:00〜22:00
休 日曜、祝日、第1と第3と第5土曜

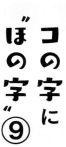

店の外の喧噪とはうってかわって店内は木を基調とした落ち着いた雰囲気。
酔い過ぎないうちにお勘定……がスマートだ。

秋葉原《あきはばら》の「赤津加《あかつか》」は、昭和二十九年春の創業で、電気街、無線愛好家やパソコンマニア、そしてアキバ系といった、この町の文化の変遷を見つづけてきた。ものすごいビデオのポスターや、セーラー服を着てはいるものの高校生にはどうにも見えないティッシュくばりの女性のかたわらをぬけて、ちょっと路地に目をやると、黒塀に白壁がある。それが赤津加である。

きらきら電飾と、すさまじい喧噪がうずまき、テクノロジーや多種多様な欲望まで集積する町のなかに、こういう酒場がある光景は、かえってSFめいて見える。そこが、いい。

入り口からいきなり大きなコの字カウンターが迎えてくれる。このカウンターは見通しがよく、三辺に座った客の顔がよく見える。ちょっとホッとする。むかいあわせの席の人と目があって、なんとなく杯をかかげたりすることもある。

燗をたのむ。銘柄など問われない。菊正宗《きくまさむね》だけである。凜としている。さりながら居心地は、一人で行っても懐かしい友人と再会したかのようにあたたかい。カウンターの奥にいる女将さんの眼差しが素敵だ。

肴は旨い。濃密な秋葉原の町の空気を抜けてきて、ちょっと濃いめの一品からはじめたくなる。そこで「豚角煮」をたのむ。ここの角煮は、こどもでも食べる前から旨いとわかる、つやつやテリテリ。断面は地層の褶曲《しゅうきょく》や堆朱《ついしゅ》のように美しく、脂と肉がおり

上品な味とコリコリとした歯触りが楽しめる、あいなめ刺し（上）。鶏もつ煮込みは、牛や豚とはまた違うキリッとした味わい（下）。

かさなっている。箸をさすと、ほろりと崩れ、ほどよい欠片《かけら》を口へはこべば、煮込まれた肉と脂と煮汁が舌から喉へと美味しい渓流になる。ちょうど一合空になり、ビールをたのむ。角煮がなくなると同時にグラスが空になる。

魚は、刺身はもちろん煮ても焼いてもいい品ばかり。酒と一緒に穴子天ぷらをたのむ。熱々をぱくりとやると、かすかな甘みとほどよい脂が広がり、旨味の綿菓子を食べているようだ。

煮込みは鶏で味噌仕立て。煮込みに重要なコク深さと、キリッとした汁の塩気がモッにしっかり馴染みながら、案外あっさりしていて酒を選ばない。

ひとしきり腹が落ち着いてきたら、店内を見回す。立派な熊手。小上がり。床のタイル。笑い声。カウンターの飴色の艶と木目。一体、何人の飲み手達がこのコの字カウンターにむかい、その袖口で磨きあげてきたのだろうか。ふと目を上げると、向かいの席のサラリーマンがいつの間にかノータイ姿になっている。勿論、それ以上は脱がない。

あまり酔い過ぎないうちにお勘定をお願いする。コの字カウンターに居並ぶ人達になんとなく会釈して、店を後にする。コの字酒場がまた好きになっている。

コの十　新橋「美味ぇ津゛(うめづ)」

JR
JR東日本
新橋駅(烏森口)
Shimbashi Station(Karasumori Entra
エーッと…
こっちか…
教わった居酒屋は
美味ぇ津って
書いて
うめづ…って
呼ぶ店は
吉岡としのり30歳
広告代理店
「集英企画」勤務

新橋西口通り
新橋《しんばし》は飲み屋が格段に多い
このなかでどんな「コの字」の店があるのか…
楽しみ…
だけど段々と店がなくなって…

飲み屋なんかなさそうな感じ…
何だ何だ
もう大通りに出ちゃうぜ
エッ?
牛にさみ
こっちか!?
タタッ
立て看板だ
生ビール350
特製
芝浦牛にさみ
味自慢
肉なんこつ焼
当ビル1階
おっ!
生ビール350
特製
芝浦牛にさみ
味自慢

このビルの中に
あるのか?
おっ!
あった!!
ガラララ
いらっしゃい
ませ

お一人?
こっち
こっち
いえ…
田中恵子32歳
吉岡の大学の先輩
大の「コの字酒場」好きOL
先輩…
後ろ
通ります
ども
十分
遅刻!
いくかい?
はいっ!
生
ください!
はーい

見事な「コの字」ですね!
でしょ!
生ビールです
どーも
では
お疲れさん!
グビ
はいお通しです
エッ!?

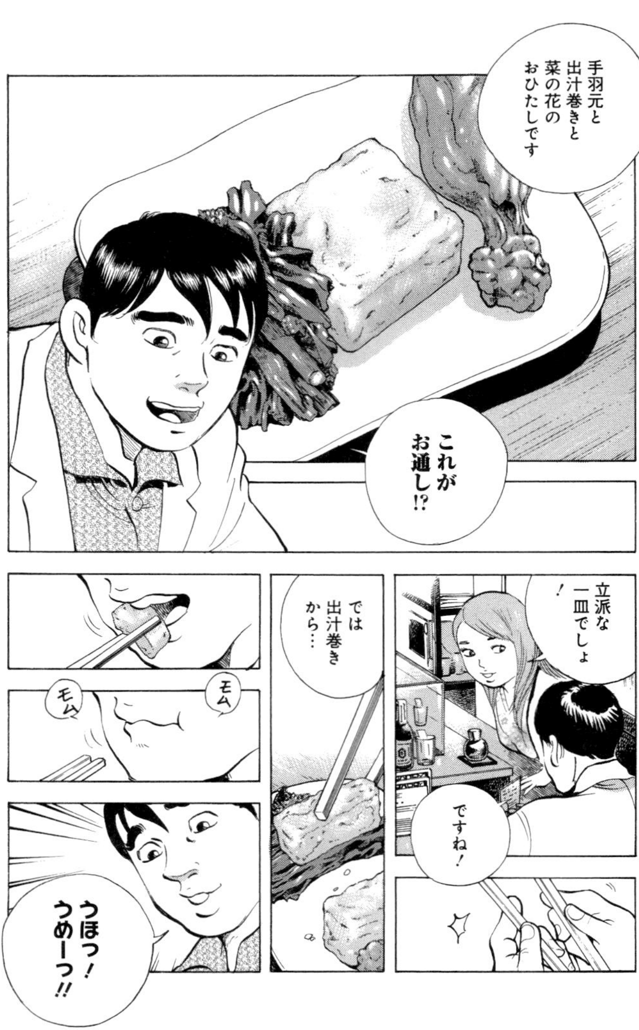
手羽元と出汁巻きと菜の花のおひたしです
これがお通し!?
立派な一皿でしょ!
ですね!
では出汁巻きから…
モム
モム
うほっ!うめーっ!!

お通しを目当てに来るお客も多いんですよ
わかりますね
メインの料理が楽しみです！
ドン
当たり！
もう何でもおいしいのよ・・・うめづは
美味ぇ津…って書いてうめづ…って呼ぶんですね
そういうこだわりからもお店のよさが伝わってきます
言葉じゃわからないよね
煮込みお願いします
はーい

煮込みです
こ…これが煮込み!!
驚いた?
はい
食べたら もっと 驚くわよ

串付きの煮込み…？
それシロよ
…とスジとハチノスに
ほほ肉ね
モニュ…
モム
？
ゴクッ
溶けた……っ！
こんな煮込み初めてだっ!!

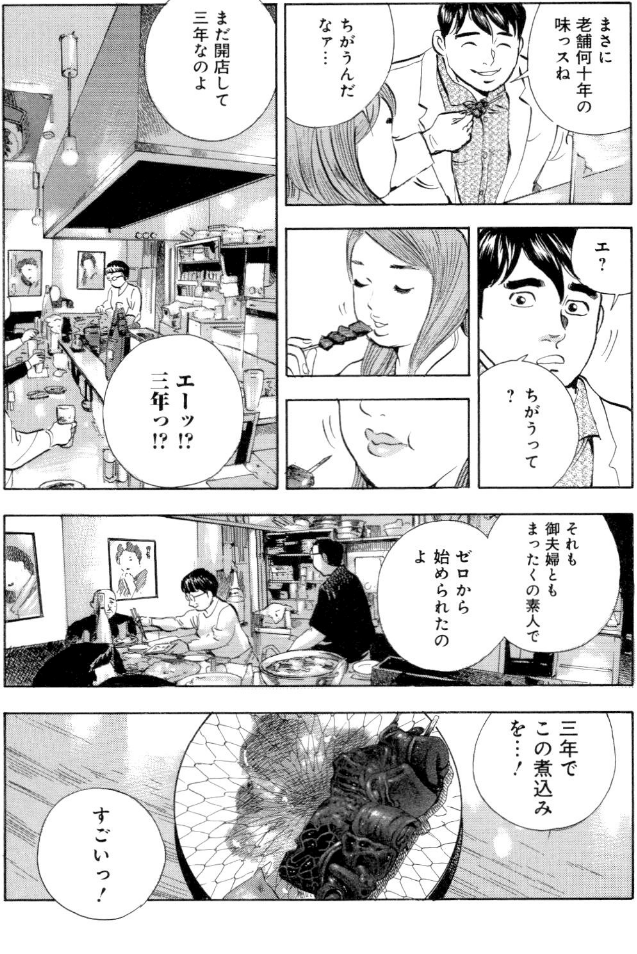
まさに老舗何十年の味っスね
ちがうんだなァ…
まだ開店して三年なのよ
エ？
ちがうって？
エーッ!? 三年っ!?
それも御夫婦ともまったくの素人で
ゼロから始められたのよ
三年でこの煮込みを…！
すごいっ！

相当に味の研究されたんですよね 大将
ええ
トラックドライバーだったもので全国の居酒屋の煮込みや料理を食べ歩きましたね
ウチに来て あーうまかった また来たくなる と満足して帰って頂かなきゃと頑張りましたね
大衆酒
大将の気持ちの入った料理 キミに味わってもらうよ
はい!
エーと…
まず レバーステーキ!
（あぶり）
人気!自慢の特製ねぎ塩だれで
新鮮 レバーステーキ
ヘルシー!ごま塩だれ
肉なんこつ焼 卵黄付きとチーズ炙《あぶ》り
牛ハツの炙りと牛ハラミの炙り
…と ポテトサラダください

あれは？
レバーよ
あれをスライスして食べるの
ジュ
ジュ
ジュ
あんなの見たの初めてです
ゴクリ
ポテトサラダです
いただきます
モク…
うん!!
少しピリっとしていて大人の味だ!
♪

ポテトサラダってお店のバロメーターですよね
そうよ
じゃあ間違いなく
ここは良だ!
はいレバーステーキです
これがさっき炙られてた…!
ねぎ塩だれを巻いて食べてみて
こうですか

モク…
モク…
クゥ〜
こんなうまいレバー初めてだァ！
でしょ
牛ハラミの炙りです
わさび醤油でどうぞ
おーっ!!
こりゃまたうまそーな…

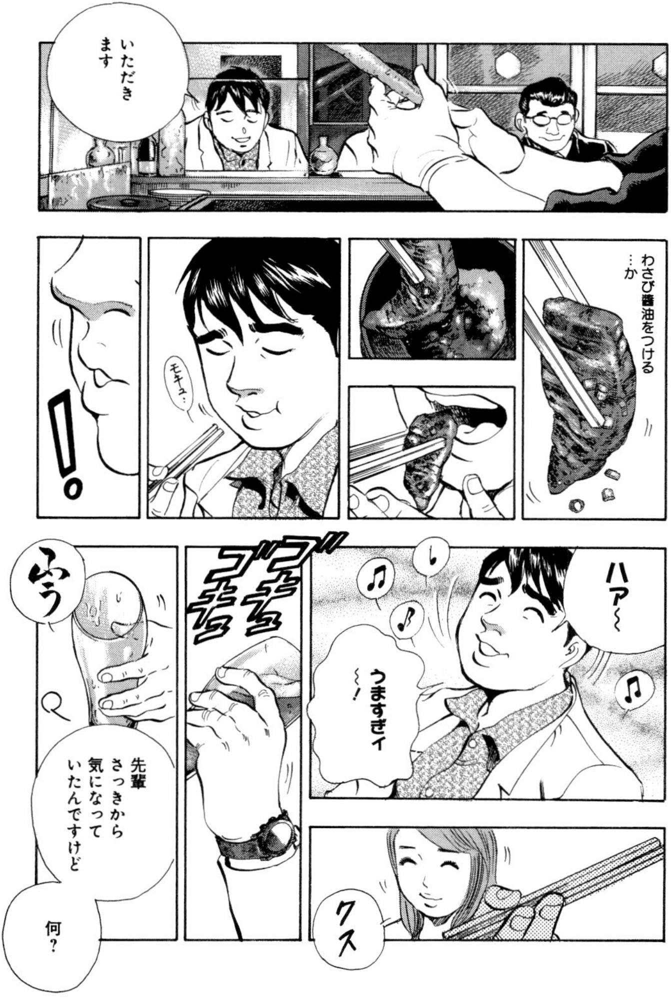

いただきます
わさび醤油をつける…か
モキュ…
!。
ハア〜
うますぎイ〜!
ゴキュゴキュ
ふう
クス
先輩 さっきから気になっていたんですけど
何?

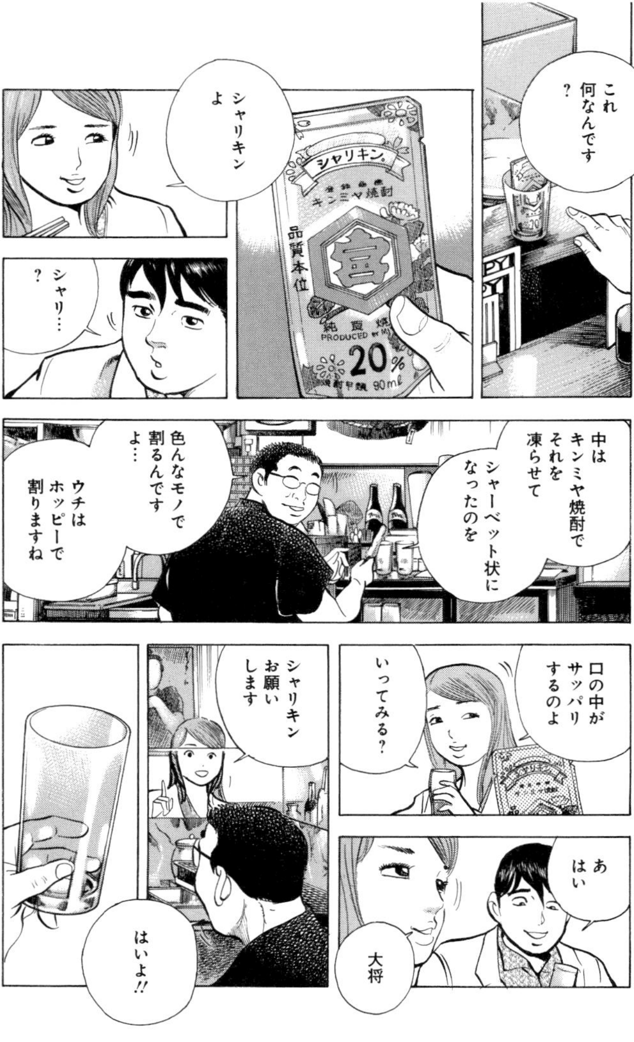
これ何なんです？
シャリキンよ
シャリキン。
キンミヤ焼酎
品質本位
PRODUCED BY MIYA
20%
90ml
シャリ…？
中はキンミヤ焼酎でそれを凍らせてシャーベット状になったのを
色んなモノで割るんですよ…
ウチはホッピーで割りますね
口の中がサッパリするのよ
いってみる？
シャリキンお願いします
はいよ!!
あはい
大将

ピー
シャシャ
シャシャ
シャシャ
シャキ
シャキ
シャキ
シュワワワ…
シャッ
シャッ
シャッ
シャリキン
です

ゴクリ
冷たくて口の中サッパリ！うめーっ！
でしょ
牛ハツの炙りですごま塩だれでどうぞ
ジュウ
ジュウ
ジュウ

はい
肉なんこつ焼
卵黄付きと
チーズ炙り
です
ア!
肉なんこつ焼（つくね）にチーズを巻いてバーナーで溶かすのか
ゴーッ

まるで肉のテーマパークだァ!!

モク
モク
モク

美味え津《うめえづ》う〜
新橋コの字最高スねっ!!
あんたも自分で探しなさい!
はーい
完

今夜は

コの字

で

コの字に〝ぼの字〟⑩

丁寧に料理された新鮮なモツと肉が味わえる酒場激戦区の名店

新橋

「美味ぇ津（うめづ）」

住 東京都港区新橋4-21-7
☎ 090-2315-8057
営 18:00〜23:00
休 土曜、日曜、祝日

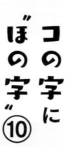

カウンターをはじめ、内装のいたるところが夫婦の手作り。愛情あふれる店の“味”に惹かれ、開店直後の時間帯は予約で満席になることが多い。

その店の歴史は浅い。しかし揺るぎなくいい酒場だ。そして紛れもなくコの字酒場である。新橋《しんばし》の「美味ぇ津（うめづ）」のことである。

少々理屈めいたことを言う。はたしてコの字酒場とは一体何か。

定義はいくつかある。まずはコの字型のカウンターを擁する酒場であること。そこに上座、下座はない。三方に居並ぶほろ酔い顔がほどよくうかがえる。カウンター内の店主の姿がよく見える。コの字カウンターゆえに、まるで舞台のように、空間そのものにそこはかとない一体感が生じる。酒席は一期一会。店主と客が一緒になって、いい雰囲気を作っている。それを楽しめる酒場をコの字酒場と名付け、探し歩いている。

だからコの字カウンターがあれば、なんでもコの字酒場というわけではないのだ。たとえ老舗でも、ただ利便性ゆえにコの字カウンターを採用している店は、断じてコの字酒場ではない。

美味ぇ津は、間違いなくコの字酒場である。ただし簡単にはたどりつけない店である。まず店名が難読だ。場所も難しい。新橋の繁華街からそこそこ離れた、どこの駅にもありそうな雑居ビル。目立つ看板はない。共用玄関のガラス扉をあけて、なかに入ると突然店の入り口がある。

暖簾をくぐると、立派なコの字カウンター越しに夫婦が声を揃えて出迎えてくれる。この「いらっしゃい」の声。これで充分お通しがわりだが、席について程なくして供さ

定番の出汁巻き卵が入った三品盛りのお通し（上）。シロ、スジ、ハチノス、和牛ホホ肉がセットになった芝浦牛にこみは予約必須（下）。

れる本当のお通しの素晴らしさたるや目を見張る。いつも三品盛りで定番は出汁巻き卵。あとの二品は緑のものと肴がもう一種。挨拶とお通しだけで二合はいける……危ない、危ない。心に泥酔の序曲が流れてきたら、ちょっと気をひきしめ、矢継ぎ早に注文する。ここは、肉類が抜群。芝浦《しばうら》の市場で仕入れる新鮮な肉類を夫婦が丁寧に料理する。レバー、ハラミ、つくね。三日にあげず頰張れるものばかりだ。

とりわけ心奪われるのが、カウンター内で湯気をあげる牛の煮込みの鍋である。具はシロやホホ肉など四種で、いずれも歯ごたえがありながら口のなかで消えていく。パクパクトロン。コクがあって、香り高く、ちょっとフレンチのような豊かさがあり、きっとバゲットと一緒でも旨い。

「この煮込みは、昔から自宅で作ってては、ご近所におすそわけしてたんですよ」

と、女将さんははにかむ。美味ぇ津はまだ開業してから約三年。しかもご主人夫婦は、飲食業未経験者である。ご主人は、つくねを焼きつつ少し照れながら言う。

「自分が好きなものを、お酒を好きな方にお出しすることでまだまだ精一杯です」

店をコの字酒場にした理由を聞けば、ご主人が大のコの字酒場好きなのだという。同好の士！　そんな会話を楽しみつつ、ゆっくり酒を楽しむ。どこを見回しても、いい顔だらけである。さらに酒がすすむ。なるほど、ここはコの字酒場、と改めてうなずく。

そして、もう一つのコの字酒場の定義を思い出す。また来たくなること、がそれである。

おわりに

私の拙いシナリオをもとに、この漫画を描いてくれたのは、グルメ漫画の巨匠といわれた土山しげるさんである。

恥ずかしいことに、実際に知り合うまで私はほとんど土山さんのことを知らずにいた。そしてノンキに呑んでいた。

そうだ、まず先に、これを言っておかないといけない。

漫画界では敬称に「先生」をつけるのが常識らしい。ただ、土山さんと私はずっと「土山さん」「ジャンプさん」と呼び合っていた。私が、書くフィールドの定まらない遊牧系文筆家であることや、「先生」みたいな敬称にひどく狼狽しがちなことを知っていた土山さんは、気を遣って「さん」と呼んでいてくれたのかもしれない。

初めて、土山さんと出会ったのは二〇一四年のことだった。久住昌之《くすみまさゆき》さん原作のエッセーを土山さんが漫画にした、『漫画版 野武士のグルメ』の単行本が刊行された際、「週刊プレイボーイ」誌上でお二人の対談記事を掲載することになったのだ。私はライターとして司会と構成を担当した。

対談当日、土山さんとは、門前仲町《もんぜんなかちょう》の辰巳《たつみ》新道《しんどう》という横丁で待ち合わせた。姿を現した土山さんに私は驚いてしまった。なぜか、小柄な人を想像していたのに、土山さんは上背も横幅もがっちりで、漫画家というより格闘家みたいなシルエットの持ち主だったのである。漫画家の職業病ともいえる腰痛持ちで、腰をすこしかがめて歩いていた。腰を労《いたわ》って歩くので、背筋も伸びていないのだが、それでもものすごく大きい(実は、担当編集者のKさんも一八〇センチあって、私も世間では小さいほうではないのだが、三人で会うと、オカルト好きなら誰でも知っている、拉致された小柄な宇宙人みたいになってしまった)。その日、対談をおこなった門前仲町の料理屋の座敷では、襖一枚隔てた隣の部屋にいたサラリーマングループが喧嘩を始めるというハプニングがあった。私は土山さんが巨漢なのでこちらは安心だな、などと思って大きくかまえていたのだが、当の土山さんはその後

「いやあ、あれ、ほんとうに怖かったですね、いやですねえ」

と誰よりも怖がった顔をして振り返っていた。ちなみに、土山さんと私には二十歳以

上の年の差があるのに、いつも土山さんは「です・ます」口調で優しかった。
二度目に土山さんに会ったとき、こんなことを教えてくれた。
「あだ名はジャンボなんですよ」
そのままではないか、と思った。そして、これ以上お似合いのあだ名はないとも思った。
土山さんとの再会は、例の対談記事の担当編集者だったKさんがつくってくれたものだった。
元々漫画編集者でないKさんだが、いろいろあって、土山さんの『男麺〈おとこメ～ン〉』という作品の担当をしていた。そのKさんが、拙著『コの字酒場はワンダーランド』を読んでくれて、コの字酒場をテーマに漫画をやりませんか、と声をかけてくれたのである。
私は漫画に関してはズブの素人だった。一方で土山さんは誰もが知っている巨匠。凸凹コンビにもほどがあると考えたものの、どういうわけか一杯やったら
「土山さんという船に乗ってしまおう」
と肚《はら》がくくれてしまった。たぶん初対面での土山さんの人柄の素敵さに完全に安心しきっていたのだろう（まさか連載中、ハラハラすることがあるなんて思ってもいなかっ

た)。
トントン拍子で話が進み、二〇一五年の三月から集英社インターナショナルのウェブサイトで連載することが決まった。
連載第一回のコの字酒場は神楽坂《かぐらざか》にある「焼鳥 しょうちゃん。」にすると決めた。私が知るなかで、いちばん強烈にして最高に愉快な大将のいるコの字酒場こそ、この漫画の第一回に相応しいからだ。
日程をあわせ、神楽坂駅で待ち合わせをして「しょうちゃん」へと向かった。土山さんがジャンボというあだ名を教えてくれたのは、その道すがらだった。
望月三起也《もちづきみきや》さんのアシスタントを務めていたとき、そんなニックネームがついたのだという。恥ずかしいことに、私は土山さんが望月さんのアシスタントだったことをその時まで知らなかった。
私は子どもの頃いささか天邪鬼で、当時、圧倒的人気を誇っていた「週刊少年ジャンプ」よりも
「ぼくは少年キングだから」
と突っ張っていた(実は『キャプテン翼』も『風魔の小次郎』も愛読していたのだが、周りには興味のないようなふりをしていた)。「週刊少年キング」の連載陣はベテランの巨匠揃いだったのだが、なかでも望月三起也さんが大好きだった。そんな話をしたら、

土山さんが大喜びしてくれた。「しょうちゃん」のカウンターに小さくおさまった土山さんが、嬉しそうに焼酎を呑み干した姿が目に浮かぶ。

「しょうちゃん」は、漫画に出てくるとおり、じっくり焼いた鶏の皮が旨い。長い時間かけて余分な脂を落としているから、粒が小さい。これを土山さんが持つとさらに小さく見えた。なんというか、豆かなにかを食べているくらいになるのだ。ただ、土山さんは、それを丁寧に食べた。一気にガバッと食べる、土山さんの漫画の登場人物みたいな食べ方はしなかった。一粒一粒、しっかり味わって食べるのである。ものすごくおいしそうに、嬉しそうに。気に入った食べ物は、そうやって大切にあつかった（そうでもないものは、わりとさらっとパクっと食べる）。

そうやって取材した、「しょうちゃん」の皮だが、漫画になったとき、私はコマから脂がにじんできそうなほど旨そうに描かれていることに驚嘆した。原作シナリオでは、そこまで細かくふれていなくても、土山さんは実際に食べて自身が旨いと思ったものは、徹底的に熱量をこめて描いてくれた。漫画のなかで、吉岡が白目をむかんばかりにかぶりついている肴は、どれも土山さん自身が旨いと思ったものばかりだ。そういう意味で、この漫画は土山しげるさんという一人の漫画家がコの字酒場で感じたことをつぶさに描いた、ある種のドキュメンタリーでもある。

こんなこともあった。
ふりかえると土山さんとのハラハラの始まりはこれが最初だったかもしれない。
はじめてシナリオを送ったとき、主人公の男性の名前は吉岡だったが、女性の名前は違っていた。吉岡という名前は、俳優の吉岡秀隆《ひでたか》さんから勝手に拝借した名前である。昔から大ファンなのだ。一方で、女性の主人公はなぜか別な名前になって原稿があがってきた。最初は
「ん？」
と思ったものの、漫画を読み進めるうち、このほうが不思議としっくりきた。よし、恵子でいこう、となった。実際なぜ名前が変わったのかは今となってはまったくわからない。

土山さんとのハラハラの真骨頂は、土山さんがネームを描かないというところにあった。ネームとは、漫画を描くとき、コマ割りや構図、セリフなどを大雑把に描いた、下描きの下描きのようなものである。
編集者のKさんは私からシナリオを受け取ると、それを土山さんに送る。ふつうは、漫画家の方がそのシナリオをもとにしてネームを描く。あがってきたネームを編集者が

確認し、漫画家とともにそれを練る。ブラッシュアップされたネームをもとに、漫画家は原稿に着手する――。というのが一般的な流れなのだが、土山さんはシナリオを読み、いきなり下描きにとりかかる、ジャズの即興のようなスタイルで執筆する漫画家だった。
そうして仕上がった原稿には、シナリオの物語の部分が、あっけないくらい淡白にあっさりとしている一方で、土山さんが食べて気に入ったものにドーンとコマが使われるということもあった。このやり取りは、本当に気を揉んだ。ただ、気が抜けないし、ハラハラしどおしなのだが、振り返ると大変に面白かった。あがってきた原稿を見て初めてわかることがたくさんあったのだ。
〈土山さん、あの塩もつ煮込み、そんなに気に入っていたのか！〉
とか
〈セロリそんなに好きだったの？〉
なんて、思わず土山さんの知らない一面を垣間見るようで嬉しくなったりした。こんなやり取りを続けていくうちに、シナリオと原稿は土山さんと私の往復書簡のようになっていった。
ある時、シナリオのストーリーラインが吃驚するほどさらりと仕上がっていたことについて、私が土山さんにこんなことを言った。
「次の回は、今回よりはストーリー重視な展開だと嬉しいです。今回、あっさりしてましたよねえ」
　注文とか文句などではなく、本当にそうしたかったのである。こういうことを言うと土山さんは決まって
「そうなんですよお」
　と笑った。
　これが土山マジックなのだった。
　土山さんの独特の口調で「そうなんですよお」と言われると、もう、こちらも楽しくなってきて、いろんなことを忘れてしまうのである。
　主人公の名前が、突如、恵子になった件も
「恵子じゃなかったのに、なぜか恵子になりましたよね」
「そうなんですよお」
　で、すんでしまった。
「そうなんですよお」は、無敵の一言なのであった。
　つっこまれると必ず「そうなんですよお」の土山さんだったが、こんなこともあった。
　土山さんは趣味人でいつも素敵な腕時計をしていた。たしか、取材で自由が丘の「ほさかや」へご一緒したときのことだ。土山さんがカルティエの格好いい腕時計をしていたので、いいですねえ、と私が無粋にも誉めたのである。すると土山さん、いつもの

「そうなんですよお」ではなく、かわりに照れ臭そうに
「一仕事終えると記念に買うんです」
と説明してくれた。
それ以来、土山さんは会うたびに違う腕時計をしてくるようになった。もちろん再登場するものもあったが、同じものを続けてはめてくることはなかった。そのたびに私もいいですねえ、と言うと、土山さんは
「ジャンプさんに会うときは気をつけてるんですよ」
なんて言って笑った。ただ、ブルガリをはめて、あるコの字酒場に行ったときは、私が
「土山さん、今日の店、ブルガリ感なかったですねえ」
と、言うと、土山さんは
「浮いてましたねえ、隠しちゃおうかと思いました」
と大笑いしていた。でも、実際、土山さんは店の雰囲気も考えて腕時計を選んでいたような気がする。おしゃれな人だった。
だから、なのかもしれない。シナリオではそこまで詳しくふれていないシーンを、素晴らしく美しいシーンとして黙ってすっと描いてくれたりした。第二話の錦糸町の「三四郎」の夜桜の下の船のシーンや、第五話の町田の「酒蔵 初孫」の灯《あか》りのシーン。そ

して第四話の自由が丘の「ほさかや」の不動明王。あんまり素晴らしいので、会ったときにこう伝えた。
「不動明王、ものすごい迫力で、あのシーンずっと見とれてます」
するると、土山さんはまたしても
「そうなんですよお」
と照れるのであった。

第六話に登場した「大衆酒場カネス」の取材では、こんなことがあった。
この漫画で知り合うまで私は土山さんのことをほとんど知らなかった。もちろん、土山さんの描いたグルメ漫画は読んだことがあったし、名前は知っていたのだが、それ以上のことは何も知らなかった。
たとえば「週刊漫画ゴラク」のこともよくわかっていなかった。土山さんが長く連載をしていた「漫画ゴラク」は、いわゆる男の娯楽をテーマにした漫画を数多く掲載する熱い漫画誌である。私は、この「漫画ゴラク」をまるっきり読んだことがなかった。あまつさえ、「漫画ゴラク」は、ギャンブルやバイオレンスなど、迫力のある漫画が目白押しなのだが、土山さんはグルメ漫画を長く描いている作家なのでギャンブルもバイオレンスもあまり興味がないのかと思っていた。

「カネス」があるのは都営新宿線の一之江駅である。といっても駅からは離れていて、私が別に書いている「ロビンソン酒場」（繁華街からも駅からも遠いという意味でロビンソン・クルーソーにあやかった）というルポにも登場してもらったことがあるくらい遠い。駅からは一本道でわかりやすいが、一人だと心細くなるくらい遠いので、その日は駅で待ち合わせることにした。

編集者のKさんから携帯のメールに連絡があって、土山さんが待ち合わせ時間よりもだいぶ早く一之江駅に到着したという。お一人で待っていただくのは申し訳ないと思い、すでに近くまで来ていた私は、地下鉄が一之江駅に到着すると、階段をかけのぼって待ち合わせ場所に向かった。

いない。

土山さんはいなかった。

しかし一体どこへ行ったのだろうか。一之江駅の周りには時間を潰せそうな場所はそんなにない。ファストフード店があるのでそこを覗いてみたが、いない。あとは、コンビニなどを回ってみたがやっぱりいない。

しばらくしてKさんが到着した。すると、駅のロータリーの向こうからひょっこり土山さんが姿を現したのである。

「おもしろそうな建物のパチンコ屋があったのでちょっとやってみました」

一瞬のスキにパチンコ。土山さん、いつも穏やかだけれど、やはり「漫画ゴラク」を主戦場の一つにする猛者だった。
それから私たちは連れ立って「カネス」に向かった。かつてトロリーバスが走っていたという街道をてくてく歩く。土山さんは腰痛持ちでいつもゆっくりと歩いていたので、その道のりが申し訳なくなってしまった。ただ、土山さんはそういうときも、絶えず小さなカメラで写真を撮っていた。いつも資料を集めていた。
当時「カネス」には、都内最高齢とも言われていた、大正八年生まれで九十代半ばの大女将《おおおかみ》がいた。
店は基本的には、大女将の息子さんとそのお連れ合いの若女将が切り盛りしていた。大女将は、平日は夕方になると、店のカウンターの脇のドアからふっと出てくる。そして、コの字カウンターの内側にどんと構える煮込みの鍋の前に腰をおろすのである。大女将に話しかけると、そこから大女将のトークショーが始まる。この「カネス」は戦前からある店で、大女将は昭和十六年に「カネス」の先代と結婚して以来、店を取り仕切っていた。
大女将の話は、時空をこえて、リアルに淀みなくつづいた。
戦時中、リヤカーをひいて配給のビールを運んだ話。亡くなった先代のアレコレ。旅行が好きで、ラスベガスでギャンブルをやった話から、今身につけているアクセサリーもラスベガスで買ったものなんだ、という流れの話は、繰り返し開陳してくれているのだろう、もはや話芸といっていいほど面白かった。ひととおり聴き終えた私たちのところへ若女将がやってきて
「ねえ、また、この話ね」
なんて小さく呟いて笑う。ここまでが、ワンセットになっていた。
店ではメにラーメンを食べた。このラーメンを食べながら土山さんは
「うん、この出汁は……うまい」
と目をつぶって出汁の成分を分析していたのを覚えている。
土山さんも私も横浜に家があるので、取材の帰り道は、たいがいほとんど最後まで一緒だった。この日も、都営新宿線からずっと同じ電車に揺られて帰った。
「なんか、すごいお店でしたね」
と土山さんは、いろいろ解釈の余地があることをぼそりと言った。それがどういう意味だったのかは今もわからないが、仕上がってきた漫画は、料理よりもコの字カウンターよりも、やはり大女将に一番スポットライトがあてられていた。
それからしばらくして大女将は亡くなった。
土山さんに大女将の訃報を知らせたとき、土山さんもすでに聞いていたらしく
「そうなんですよ」

と言った。でも、いつもの「そうなんですよお」とは全然違う響きだった。

＊＊＊＊＊

「土山さん、出たかっただろうなあ」

『今夜はコの字で』がドラマ化されることになったとき、すぐに思い浮かんだのは、そんな言葉だった。

かつて土山しげるさんは、自身の作品がドラマ化された際、カメオ出演していた。
たしか、「カネス」での取材を終えて、真昼間から酔っ払って二人で田園都市線に乗りかえたときのことだ。
土山さんに、カメオ出演について話しかけたのである。
「すごく楽しそうに出ておられるじゃないですか」
その時の土山さんの顔。一瞬強張《こわば》ったかと思うと、ちらりとこちらを見てから、ゆっくりとにやりとされた。それ以上つっこむのは野暮なので、こちらも、なるべく同じようににやりと笑って話題を変えた。
ドラマ化が実現したのは、シーズン1で何話かを監督してくれたIさんがきっかけだった。発売からまだ日が浅かった頃、書店で偶然『今夜はコの字で』の単行本を見つけたIさんは、いきなり気に入ってくれたという。すぐ方々にこの漫画をアピールしてくれたらしい。紆余曲折あって、実際にドラマ化が決まったのはその四年後のことだった。

なにより嬉しかったのは、この漫画を読んですぐにIさんやプロデューサーの方たちが何軒かのコの字酒場に実際に出向いて呑んで、すっかりコの字酒場好きになってくれたことだった。幸いなことにこのドラマにかかわってくれた演者のみなさんもスタッフさんも、揃いも揃って酒好き酒場好きだった。だから酒場にはくわしい人たちばかりだったのだが、この漫画を読むまでは、コの字酒場なんて意識したことがなかったらしかった。そんな飲兵衛さんたちが実際に行ってみて、膝を叩いて納得してくれて、あまつさえ、ドラマ化を決意してくれた。ドラマ化が決まったとき、編集者のKさんから連絡をもらい、集英社でIさんやスタッフの皆さんと顔合わせをした。その時、座席の配置もコの字型になっていたが、誰も指摘しなかった。もう少し早くドラマ化していたら、その席に土山さんも座っていたはずだ。

＊＊＊＊

ドラマの撮影現場には三度もお邪魔した。

一つは、町田の「酒蔵 初孫」だった。秋から冬を舞台にしたドラマだったが、撮影したのは夏。昼間に夜のシーンを撮るから店全体を暗幕でおおう。セリフも録音するので、ノイズが入らないようにエアコンはつけない。

灼熱。

こんなにしんどいものだとは思っていなかった。そんな環境で俳優の皆さんは汗の粒一つ流さずに、しみじみとしたコの字酒場の物語を紡いでいく。そんな真剣勝負のなか、客役の一人としてコの字カウンター越しにプロの仕事ぶりを間近に見るのは、なんとも言えない贅沢なひとときだった。そしてあらためて、コの字カウンターは、人の顔が見えるし、見えなくもできる、絶妙なコミュニケーション発生装置だと再認識した。

その日は、美術スタッフの方が気を遣ってくれて、セリフのない私に、ホンモノのお酒を呑ませてくれた。しかも、おかわりも何度かさせてくれた。迫真の演技を、お酒を呑みつつ見るなんて失礼だとは思ったけれど、現場の皆さんの勧めに甘えて、グイグイやってしまった。そのせいか、私は、今、このドラマが、なんだか現実にあったことのように思ってしまうふしがある。そして、実写化されたがゆえ、漫画も、現実のできごとをベースにしたノンフィクションのような気すらしてきそうなのである。

もう一つの現場は、新橋の「美味ぇ津（うめづ）」であった。この日は、朝から雨模様だった。ものすごい湿度で、店内の過ごしにくさは筆舌に尽くし難いものがあった。蒸し風呂のなかで寒そうな雰囲気を出しつつ過ごすのである。湿度で私の髪の毛は、ラーメン好きの小池さんのようにチリチリになっていった。そんななか、物語のターニングポイントになる、吉岡の決意を促すシーンに私は登場することになっていた。セリフもとちらず、あまつさえ吉岡役の浅香航大《あさかこうだい》さんには

「お芝居やってらしたんですか」

なんて、リップサービスとは言え、卒倒しそうなほど嬉しい言葉をかけてもらった。衣装は、秋冬の設定なのでそんな雰囲気のものを纏《まと》うよう言われていたので、自前のバブアーのちょっと格好いいのを着ていった。オシャレすぎて映像的に悪目立ちしないかな、などと調子にのって心配してみたが、実際の放送を見たら、工事現場で着るジャンパーにしか見えなかった。馬子にも衣装というが、馬子の衣装を無力化する自分の実力に驚いた。

私が実際に伺った三つ目の現場は、横浜の「のんきや」である。「のんきや」は、初めてスタッフの皆さんと集英社でミーティングした後に、祝杯をあげたコの字酒場だった。

横浜の「のんきや」は、横浜駅の西口から徒歩五分ほどのところにあった。「あった」

と過去形なのは、もうすでに別の店になってしまったからだ。
ドラマ化するにあたり、「のんきや」にはスタッフの方が出向いてさっそく交渉にあたってくれた。「のんきや」がある狸小路は、最近そこらじゅうにある「横丁」という名前の出来合い飲み屋街とは違って、昭和からずっと続くホンモノの横丁である。舗装もされていなくて、トイレは共用。横丁の真ん中にあって、カギを店から借りて使う。新しいビルだらけになってしまって、かつての趣がどんどん失われていく横浜駅周辺にあって、世界遺産級に貴重な歴史的な盛り場の、入り口のすぐ脇に「のんきや」はあった。吉岡も迷ったが、すりガラスの引き戸が店の二面にあって、どちらから入っていいのか一見にはわからない。初めて行ったのはいつだったのかもはや記憶にないが、一度開けてみたらいきなり飲兵衛たちの背中がずらり並んでいて、中にいた女将さんに
「ごめーん、こっちから入って」
ともう一つの引き戸から入るように促されたのを覚えている。それで、その次に店を訪れたときには、前回入ったほうの入り口から入ろうとしたら、今度は
「ごめーん、こっちから入って」
と前回入れなかったほうの入り口から入るように言われた。こういう店が好きじゃない人は信用できない。
二階建ての「のんきや」は、かつては一階は女将さん、二階は女将さんの息子さんの

若大将が切り盛りするスタイルだった。それが、二階を閉めて一階に家族が集まって営むようになった。二階に分かれていた時代もよかったが、家族がコの字カウンターの中にみっちりひしめきあうようになってからの「のんきや」が大好きだった。

一階の片隅に階段があった。初めてこの店に来たとき「オフロ」と客が言っているのを聞いててっきり二階に風呂があるのだと思ってしまった。そのトンチキな勘違いを元に、僕の書いた漫画のシナリオでも吉岡は恵子が二階のお風呂に入るのを妄想するシーンがあった。土山さんは、そこを割とあっさりと描いてくれて小さな1コマで過ぎていくのだが、ドラマでは中村ゆりさんの入浴シーンがしっかりとあった。どんなやり取りがあって、そうしたことになったのかは、私は知らない。

二階を切り盛りしていた若大将が一階におりてきてから、「のんきや」はさらに活気づいた気がする。女将さんの娘さんで若大将の妹さんも手伝いにくわわり、「のんきや」は完成形にいたったのではないだろうか。元気でおしゃべりの達者な女将さん。黙々と仕事をする若大将。二人の手が回らないところをきっちりとこなすバランスのいいお嬢さん。コの字酒場界のザ・ポリスかELPかラッシュかパフュームみたいに、三人の仕事は完璧なアンサンブルだった。雰囲気はもちろん、同じ人が作っているのに、味まで前よりも旨くなったような気がしたのは、三人の仕事ぶりの素晴らしさが脳の何かを刺激したせいなのかもしれない。

ドラマ化が決まって、「のんきや」も協力してくれることになった。二〇一九年の初夏、狭い店に暗幕をはりめぐらし、撮影がおこなわれた。

実際に、若大将が本人役でドラマに出演してくれた。私が訪れた撮影現場は、実はこの「のんきや」が最初だった。そこで初めて主演のお二人の飲みっぷりを見て、その美しさに心のなかで土山さんに

「完璧ですよ」

と報告した。恵子役の中村ゆりさんの日本酒をくいっと呑まれる姿。吉岡役の浅香航大さんのビールの呑み干し方。こういう飲兵衛になりたいと、自分のほうが年上なのに見とれるどころか見上げてしまった。

現場では、いつもと違う若大将の姿が見られた。若大将はいわゆるポーカーフェースで、伏し目がちで口数も多くない。注文が入ると、すこしハスキーな高い声で、「はい」と静かにこたえる。忙しいせいもあるが、あまり余計なことは言わない人で、ドラマ『ふぞろいの林檎たち』で柳沢慎吾《やなぎさわしんご》さんの実家の店にやってくる料理人の小林稔侍《こばやしねんじ》さんの雰囲気にちょっと似ていた。そんな静かな若大将がドラマでは結構、いや、かなり喋る。

「緊張しちゃうよねえ」

ゆるぎない仕事ぶりからもうかがえるように、若くしていぶし銀の風格が備わってい

る若大将が、そんなことを私に言った。若大将、緊張とかするんだ……。リハーサルをへて、本番前になって、若大将がぶつぶつセリフを反芻している姿に私は見入ってしまった。それは初登板前にブルペンでストライクが入らない新人ピッチャーみたいだった。私はセリフもなく、ビールまでいただきながら、その他の客をやっていたのだが、緊張している若大将の前で気楽に振る舞っていて申し訳ないような心持ちもしていた。そのせいか、ビールをどんどん呑んでしまい、撮影中にトイレに行きたくなったらどうしようと心配したりしていた。で、実際に本番となったら、若大将、わりとあっさりとこなしてしまった。かっこいいのである。

現場では音楽を担当されたTさんと初めてお会いした。Tさんに、あれこれ音楽のイメージを伝えると、これは一回ここで呑みましょうという話になった。数日後、また、「のんきや」を訪れると、若大将は何事もなかったかのようにいつものポーカーフェースで焼き台の前に立っていた。その後ろで女将さんが元気に笑っている。また普段着の「のんきや」に戻っていた。

Tさんとは、オフロやシロをつまみながら、まずは音楽の話でひとしきり盛りあがった。楽しい酒場の雰囲気の伝わる、物悲しいのとか演歌とはちがった感じの、ポーグスみたいな曲がいいとか、『コの字酒場にて』というアンビエントのアルバムが出来上がるようなサントラがいいです、だとか、素人のくせに舞い上がってペラペラと話した。

その結果が、ドラマの音楽で、あのしみじみと心にしみるメロディーたちは、もとをただせば、「のんきや」で生まれたのである。

二〇二〇年の年明けからドラマがオンエアされると、ほどなくして世の中にコロナが蔓延してしまった。「のんきや」は張り紙を一枚残して休業してしまった。

てっきりコロナのせいだと思っていた。

どんどんコロナをめぐる状況が悪化するなか、あちこちの店が休業していた。だから「のんきや」もそうなのだろうと考えていたが、実はそうではないという話を人づてに聞いた。それからほどなくして連絡があった。

若大将が亡くなった。ドラマの後、病気が見つかって治療に専念していた。休業はそのせいだった。

女将さんと電話で話した。涙がこぼれてしまった。

あれから、モツをあつかっている店を見つけるとコブクロを探しては、オフロを再現しようと試みているが、全然ダメだ。一度、どうやって作っているのか若大将に聞いたことがあったが

「山椒をきかせてるのがいいのかなあ」

と、当たり前だけれど細かいことは教えてくれなかった。

いま、「のんきや」のあった場所には別の店がある。コの字酒場ではない。

かつて、横浜に「のんきや」というコの字酒場があった。そこに土山さんと一緒に行けてよかった。

＊＊＊＊

漫画を連載するにあたって、登場する店のすべてに、土山さんと一緒におもむいた。土山さんは実際に現場で肴を食べてそれを写真に撮った。また店の設《しつら》えもつぶさに写真に撮っていた。そうして集めた写真を資料にこの漫画を描いてくれた。

漫画に登場する順番どおりに行ったので、最初に行ったのが「しょうちゃん」。最後が「美味ぇ津」だった。

ところで、この漫画に出てきたコの字酒場は、意外かもしれないが一店を除き、いずれもコの字であることを強く意識して開業していない。土地・物件や人員の関係など、いろいろ考慮した結果、必然的にコの字カウンターになった。流れ上、やむなく、コの字カウンターを構えた店もある。

ひるがえって「美味ぇ津」は、開業したときから店主が強く「コの字」であることを絶対条件の一つとした店なのである。

女将さんは

「この狭い空間でコの字カウンターを造るのって、けっこう無理があるんじゃないかなあ、なんてあたしは思ったんですよ。一文字でもいいんじゃないの、って言ったら、絶対コの字だって言うんですよ」

なんて笑うが、雑居ビルのなかにある細長い物件のなかに、ぎっちりとおさまったコの字カウンターは、かくれんぼで押し入れに入ったガキ大将みたいに、ちょっと窮屈そうにも見える。大将が

「どうしてもコの字にしたかったんです。わたし、コの字酒場が大好きなんです」

と言うだけあって、一見、ぎゅうぎゅうに詰まったようなコの字カウンターだが、居心地は抜群。しかも見ている限り、カウンターの中の動線も見事だ。

ただ、狭いことはたしかなので、土山さんのような巨漢がこの店にいると、なおさら大きな人に見える。それが、窮屈そうには見えなかったのは、土山さんの人柄のせいはもちろん、店の持っている力もあったのではないか、と思う。

この店にいると、どうも、気が緩むのである。

その証拠が、店の鴨居に並べられたキンミヤの空きボトルだろう。ネックにはキンミヤのエンブレムを模した札がかけられている。銀色のそれには50、金色のそれには100と数字が書き込んであって、これはお客がオーダーした本数だという。うわばみの巣窟で

ある。いや、ここは居心地が良くて、誰もが無自覚にうわばみになって寛いで、どんどん呑んでしまうのである。
　くつろげるのは雰囲気のせいだけではない。味がいい。
　大将自ら足を運んで選ぶモツは、鮮度は言うまでもなく、選りすぐりの旨いところを仕入れている。一見どて煮のような煮汁のなかでコトコト煮た芝浦牛にこみは、これを目がけて遠方からも客が来る名物である（名物と断言したのは、これだけ食べて帰るような無粋な客はここの店には来ないからである）。牛のシロ、スジ、ハチノス、ホホ肉の四種の部位ごとに串を打ったものが、トロトロに煮込まれている。土山さんは優しかったので、どこかの店を贔屓《ひいき》してはいけないと無意識に抑制していたのだと思うが、一軒の店の肴をやたらに褒めちぎるということはしなかった。ただ、「美味ぇ津」については、脈絡ないタイミングでも芝浦牛にこみを引き合いにして
「いやあ、あれは旨い、ほんとに旨かったですねえ」
　と繰り返し感嘆していた。
「しばらくお客さまにお出ししてなかったから、なんだかいろいろ忘れちゃってる気がして」
　女将さんは、コロナ禍の休業をへて店を再開したとき、照れ臭そうにそんなことを言った。なにをおっしゃるやらと思ったが、案の定、いつものように素晴らしい味だった。

トラックドライバーをしていた大将が、仕事でおもむいた全国の旨いものを食べた結果、生まれた名品である。映画『タンポポ』のような話だけれど、たしかにどこか特定のルーツを感じさせるものではなく、日本中の煮込みのいいところを煮込んだような感じがする。

新橋にある「美味ぇ津」で取材を終えたあと、土山さんと一緒に銀座の土山さんの行きつけの店に行った。カラオケがあって、土山さんも、私も、編集者のKさんもカラオケを歌ったが、おぼえているのは、土山さんがいつもかがめている腰をすっとのばして朗々と歌ったことである。あとは、Kさんが、なぜだか「浅草キッド」を熱唱したことだ。なんだか土山さんと私は、長い間コンビを組んでいる間柄のような気がしてきて妙にしみじみした。

帰り道、土山さんとタクシーに一緒に乗った。首都高を走りながらいろんな話をした。あのコの字酒場はよかったとか、お連れ合いのMさんとのことや、飼っている猫のことなど、ほんとうにいろんな話をした。

「(Mさんに)『美味ぇ津』の煮込みは食べさせてあげたいですねえ」

そう言った土山さんは、結局Mさんにその煮込みを食べさせてあげることはなかった。

今度、「美味ぇ津」にはMさんをお連れしようと思う。土山さんの見た、これぞコの字酒場という光景をしっかりと見てもらって、煮込みを堪能してもらおうと思う。

＊＊＊＊＊

土山さんと二人きりで呑んだことは一回きりしかない。
二〇一七年のことだ。土山さんからショートメッセージ（土山さんとのやりとりは全部ショートメッセージだった。土山さんは顔文字の使い方が上手で、ふだん、どんな人とショートメッセージをしているのだろうかと、いろいろ考えをめぐらせてしまった）で、行きつけの居酒屋で一献どうか、と誘ってくださった。一も二もなくすっとんで行った。
土山さんの家と私の家は電車でも十五分もかからない。土山さんが誘ってくれたのは、土山さんの自宅の近くの商店街にある小さな居酒屋だった。この店のなかにいると土山さんは、いつも以上に大きく見えた。
店に入るといきなり土山さんが本当に申し訳なさそうに小声で言った。
「いやあ、ここはいい店なんですけど、コの字じゃなくて」
たしかにL字カウンターと小上がりだけの店だった。
「いやあ、逆にすみません」
と、私がなんとなく頭を下げると土山さんは大笑いした。それから、いろんな話をした。酒場のこと。若い漫画家志望の人のこと。出身地の金沢《かなざわ》のこと。やっぱりお連れ合いのMさんのこと。車のこと。腕時計のこと。酒のこと。それからコの字酒場のことも話した。私のコの字酒場との出会いも話した。

一九八〇年代のほとんどを私は東南アジアで過ごした。中学一年のとき、ワケあって一人で訪れたインドネシアの日本料理屋にコの字カウンターがあった。真ん中の一辺に腰をおろしたら、両サイドの商社マンがアレコレ話しかけてきて、ふりかえると、それが私のコの字酒場原体験だと話したら

「中学生から呑んでたんですか」

と、言うので、呑んでません、とこたえたら、土山さんは大笑いした。店の大将まで笑った。私はへらへらしていた。

土山さんのお気に入りの店だけあって、旨い店だった。これでコの字カウンターがあれば、と思ってしまった。天ぷら、刺身、煮物、焼き物、蕎麦。よく呑んで、よく食べた。帰りは同じ東横線に乗り、土山さんは、また事務所へともどっていった。腰をさすりながら、ゆっくりと。電車のなかで、けっこう酔っ払った私たちははしゃいで、自撮りで記念撮影をした。そして

「続編、やりたいですねえ」

と言い合った。

それから二年もしないで土山さんは旅立ってしまった。続編は、ドラマでやっている。土山さんもきっと見ていることだと思う。

ふりかえってみると、土山さんとは「次の約束」をいろいろしてあった。

町田の「酒蔵 初孫」では、ナポリタンを食べられなかったので今度また行きましょう、となった。「初孫」は土山さんもすごく気に入って、珍しく、顔色が変わるくらい酔っ払っていた。私も泥酔して、帰りの電車では席が空いているのに、顔を見合わせて腰をおろすのをためらった。そのまま寝込んで乗り過ごすのではないかと二人して心配していたのである。結局、二人ともなんの根拠もないのに口々に

「大丈夫ですよ、うん、大丈夫」

などとつぶやきながら座った。そして、隣に座った土山さんは何度も「また行こう」と言っていた。

赤羽のランドマークにして、ダブル・コの字カウンターを構える老舗「まるます家」では

「いやあ、鯉がこんなに旨いなんてねえ」

と川魚を見直して感心していた。昼間に行ったので、次は夜に行こうと言い合ったが、

これも結局できなかった。
松戸の「酒処 ひよし」では、次は奥の座敷ですね、と言い合い、秋葉原の「赤津加」でも今度はコの字の真ん中に座りたいと言っていた気がする。
土山さんの故郷・金沢の店も案内しますよ、と言ってくれたが、それもかなわなかった。そのうち、ドラマで金沢編をやりたいと勝手に考えている。そのためにリサーチはしているのだが、金沢にはコの字酒場が少ない。そのことを土山さんに言ったら、おそらく
「そうなんですよお」
と真面目な顔でこたえたことだろう。

＊＊＊＊

二〇二〇年の一月にドラマ放送が始まった。
第一回が放送される日は、スタッフが集まってオンエアを一緒に見た。主演の中村ゆりさんも来てくれて、持ち寄りで酒宴をしつつ固唾を呑んで放送開始を待った。

実在のコの字酒場が画面に映し出されると不思議な気がした。すごいですよ、土山さん、と言いたくなったが、もちろんそこに土山さんはいなかった。
その頃、妙なウイルスが流行しているニュースが頻繁に聞かれるようになっていた。はじめは対岸の火事、という雰囲気で報道されていたのが、徐々に近づいてくるのを感じた。
しばらくすると不安は現実のものになっていた。コロナが蔓延し、感染の場所として飲食店が槍玉にあげられるようになった。酒の提供の禁止などということになり、休業を余儀なくされる飲食店が続出した。コの字酒場は、コロナ禍で一番と言っていいほどに営むことが難しくなった。
都知事が「三密」を避けるよう促した。仕方ないとはいえ、激しく落胆した。コの字酒場なんて密が売りみたいなものである。これでどうがんばれというのか。それでなくても、なるべく手頃に旨いものを提供しようとしてきた店たちである。大企業のように内部留保がじゃぶじゃぶあるような商売ではないのだ。毎日やってなんとか上手くやっている。そういうタイプの店が圧倒的に多いなかでの休業要請は、商売を変えろと言っているようなものだ。
人流というわけのわからない言葉も飛び出し、移動も憚《はばか》られるようになった。仕方ない。だが、呑みにいけない、呑みにいってても酒は提供してもらえない状況は、頭ではわからないでもないが、やはり説明のつかない部分も多くあって、正直なところ、わけがわからなかった。もちろん飲兵衛たちは戸惑った。

これははっきり言うが、店で呑む酒と家で呑む酒はまったく別ものである。ただ栄養を摂取するだけなら点滴でもどうにかできるかもしれない。酒にも栄養はある。しかし、酒の栄養は心に効くものだ。だから、ただ呑めればいいわけではないのだ。もちろん、家で呑む酒にも良さはある。だが、店で呑む酒は、店でしか味わえない。そこで得られる潤いは、そこでしか得られない特別なものなのだ。ましてやコの字酒場は、その場に力がある。コの字カウンターがあり、そこを囲む人があってこその「場」で呑む酒だから特別なのである。

コロナ禍での飲食店での酒類提供の自粛などについて、SNSには、元々お酒を呑まないから関係ない、みたいな書き込みも見られた。悲しくなった。

飲兵衛であろうと呑まない人であろうと関係なく、誰かが好きなものを奪われることの悲しみや仕事を制限される苦しみはわかるはずである。昨今、しきりにエンパシーという言葉を目にする。自己移入と訳すそうで、要するに「○○が私だったら」と共感することだという。映画『アラバマ物語』で主人公の父親のアティカスは、他人の靴を履いて歩いてみなければその人の気持ちはわからないというようなセリフを言ったが、おそらくその意味に近いことなのだと思う。どんどん分断が深まる世の中だからこそ、エンパシーが大切だし、そうした自己移入の機会はコの字酒場にはたくさんある。

もちろん、自由に呑めないなりに、いろいろやってはみた。

この漫画を読みながら呑んだら、コの字酒場への望郷の念が怒濤のようにあふれてしまい、涙がこぼれてしまった。ドラマを見てもしかり。コの字酒場に行きたい。呑みたい。早くコロナ禍よおさまってくれと、結局、ひたすら祈る自分がいた。

私のような飲兵衛が茫然自失としている間、漫画に出てきたコの字酒場たちも、必死にこの苦境をしのいでいた。

「まるます家」は店を閉じ、テイクアウトに力を入れた。

松戸の「ひよし」は、休業をへて、酒類の提供をやめてノンアルコール飲料で営業を続けた。

秋葉原の「赤津加」は、夜の営業をやめて、ランチを続けたりした。

二〇二一年十月、コロナ禍が小康状態となり、緊急事態宣言が明けた。

宣言が明けた当日、私は漫画に登場するコの字酒場のなかで、家から最も近い、町田の「酒蔵 初孫」へ、口開けの時間を目がけて行った。行かずにいられなかった。
「初孫」は感染対策のガジェットをさまざま用意していた。椅子の数を間引き、客同士の間隔を空けた。ビニールシートでカウンターとカウンターの内側をしきった。店の窓はいつも開放。体温計の設置。店内のあちこちに消毒用アルコールを用意した。天井には真新しい換気扇が設置されていた。
久しぶりに会った大将は、以前と変わらずニコニコしていた。
相変わらず『今夜はコの字で』のポスターが貼られていた。
マスクを外しては呑み、外してはつまみ、マスクをして話をした。
それ以外は、不思議と違和感はなかった。コの字酒場は、ちゃんとコの字酒場としてそこに存在していた。久しぶりに呑んだ、冷えた「初孫」の魔斬《まきり》は瞬く間に無くなってしまった。喉を通る酒が、全身に行き渡るのを感じた。そんな私を見て、大将が微笑んだ。
これだ、これなのだ。
漫画にも出てきた塩もつ煮込みをたのみ、これも一滴残さず食べた。次々にグラスが空いてしまったが、不思議と泥酔しない。
「風が冷たいせいですかねえ」
などと、このコロナ禍の理不尽を笑うかのような軽口をたたきつつ呑んだ。斜め前には、よく顔を合わせる常連客の方もいた。マスク越しにすこし話した。乾杯したくてもできなかったが、しみじみと嬉しかった。

「赤津加」ではあえてランチタイムに伺って、天ぷら定食にビールを流し込んだ。この天ぷらの旨いこと。懐かしさがよみがえると、海老の甘さが一層増した。ビールを呑んでいたら思わず目をつぶってしまった。

忙しい時間をずらして伺ったので、定食を平らげてから熱燗をもらった。幸せだった。ただ、長い自粛期間のせいで、いろんなカンも鈍ってしまった。

「まるます家」には、朝から呑もうと意気込んで赤羽まで乗り込み、若女将に連絡したら

「今日、定休日ですー」

これは悲しかった。今までならこんなことを間違うはずもなかったのに、なんという体たらくだろうか。悲しさのあまり、閉じたシャッターの前で自撮りで記念撮影してしまった。

なんとか、コの字酒場たちも頑張っている。でも、これを美談にする気はない。不合理には声をあげ、あとは、できるかぎり店で呑むしかない。それでなくても、毎年、何軒ものコの字酒場が姿を消したりしている状況である。失ってからわかる、なんて言っている場合ではないのだ。これ以上失ってはいけない、のである。

＊＊＊＊

はじめは酒場が好きなだけだと思っていた。それはたしかにそうなのだが、どうも、コの字カウンターのある酒場にだけ共通する、おもしろみとかおかしみがあることに気づいた。

コの字カウンターのある良い酒場を「コの字酒場」と呼ぶことにしよう――。認識論ではないけれど、そうやって名前を決めたことからコの字酒場という存在が誕生して、巡り巡って漫画にもなりドラマにまでなった。

それもこれも、酒場、コの字酒場が間にあって巡り合った人たちとのつながりで実現したことばかりだ。

意識して巡ってみたら、確信は深まるばかり。どこへ行っても真っ先にコの字酒場はないかと探すようになり、全国でいろんなコの字酒場の暖簾をくぐった。

酒場は人だと思ってきたが、コの字酒場は、店主、客、酒場の共鳴の仕方、一体感がただごとではない、と、コの字酒場を訪れるたびに思うようになった。

生来の不精ゆえ、店を訪れた記録があちこちに散逸していて訪れた店の数を正確には把握しきれていない。三桁をこえた頃から、訪れた数よりも、コの字酒場の素晴らしさを伝えることのほうが大事になった。もう暖簾をおろしてしまった店も少なくない。そして、パンデミックが追い打ちをかけた。コの字酒場に関連して上梓した本のなかで書かせてもらったコの字酒場も何軒もなくなってしまった。

強欲を合理的と言い換えるようなビジネスがまかりとおる世の中で、小規模で儲けの少ない酒場はもろい。けれど、そういう店でしか味わえないものがある。手の込んだ庭園に咲く薔薇もいいけれど、見知らぬ土地で見つけた野の花も素敵ではないか。ただ、ちょっとしたことで野の花は失われてしまう。だから、酒場へ、コの字酒場へ、ちょいちょい行く。もちろん楽しいからだけれど、そうして一杯やっていくことが、次また来るときに、その店がそこにあることにつながる。でも、野の花ははかないようで、案外しぶといのだ。そのしぶとさにもあやかるつもりで、今夜もコの字で、一杯やりませんか。あなただけの恵子と吉岡が、ホロ酔い顔で待っていますよ。

解説

中村ゆり

お酒を呑むことも食べることも大好きなので、友人と大衆居酒屋に訪れることもよくありますが、「コの字カウンター」という言葉は、この作品に出会って初めて知りました。そういうお店があるんだなあって。

コの字カウンターと聞くと、昭和の香りがして、私もそういう時代を生きてきたということもあって、とてもノスタルジックな気持ちになります。コの字酒場には、そんな懐かしい空気が残っている感じがするんです。

コの字酒場は、その地域のお酒が好きな人たちが集まる場ですから、地域密着型なことが多いです。お店を切り盛りする女将さんや大将がいて、足しげく通う常連さんがいて、長く続いている歴史あるお店であればなおさら、注文の仕方だったり、そのお店ならではのシステムが出来上がっていますよね。

だから、普段呑んでいる環境よりも、人と人との距離感がグッと近くなる。コの字酒場って、直線のI字やL字カウンターとは違って、どこに座ってもお客さんの顔が見渡せるようなつくりになっているから、隣に座る人や向かい合った人とのコミュニケーションが自然と生まれやすいんです。
それにコの字酒場に来ているお客さんは、そういう人間関係を気取らずにできる人ばかりですから、たまに昭和のノスタルジックな空気を直《じか》に体感することもできます。ちょっと極端な例かもしれないですけど、今どき知らない人に「おめえはよ」なんて言われることないじゃないですか（笑）。
でもコの字酒場のおじさんたちって、それをどこか愛らしくやってくれる。そういうのが、いいんですよね。言葉が合っているかわかりませんが、昔の〝ご近所感〟みたいなものがそこにはある。コの字酒場にしかない魅力はそんなところにあると思います。
それでも、やっぱり時代は移り変わっていくし、今あるコの字酒場に残っている雰囲気をたくさんの人に楽しんでおいてほしい。ドラマの撮影ではたくさんのお店にお邪魔しました。私も、もっと楽しみたいですし、コの字酒場は守りたい文化なんです。
この解説を書いているのは二〇二二年一月です。ドラマ「今夜はコの字でＳｅａｓｏｎ２」は四月から始まります。２年前のシーズン１放送後に、新型コロナウイルスの感染が拡大し、人と人との接触が難しくなり、寂しい思いをされたり、我慢を強いられながら頑張ってきた方がたくさんいらしたと思います。だからこそ今また「コの字」のようなドラマが観たいという皆様の声が届き、シーズン2ができることになりました。
今はまだコロナの先行きが見えず難しいかもしれないけれど、たとえば外国の方が日本に観光に来て、日本のどういうところを見てほしいかって思った時に、ガイドブックには載っていないけど、ある意味、日本の文化がたくさん詰まったコの字酒場にも足を踏み入れてほしいと思います。
私がほかの国から遊びに来たとしたら、きっとそういうカルチャーを見たいと思うんです。日本のディープな文化を知る、絶好の機会になるはず。外国の方向けのコの字酒場特集とかあってもいいかもしれないですね。
私も、外国を訪れた時には、その地域の人しか来ないようなお店に出掛けたことがありました。そうすると、やっぱりそこでしか味わえない料理やお酒がたくさんあって、ガイドブックに載っているお店よりも、こっちの方が全然安くて美味しいじゃん！　みたいなこととってあるんです。
そう、大事なことですけど、コの字酒場ってお店によっては壁一面を埋め尽くすぐらい、お刺身、揚げ物、焼き物などのメニューが並んでいて、そのどれもが安くて美味しい。私は大阪の女なので、結構コスパ命（笑）。東京って、いいものを食べたかったらお金を出せば食べられるけど、べらぼうに高かったりするじゃないですか。そこはコの字酒場は、サクッと食べに行けて、リーズナブルっていうのは一番いいですよね。

もし私がコの字酒場をやるとしたら、まず食事は絶対に美味しいと自信を持って言えるものを出したいですね。少しずつ美味しいものを食べられるようにしたい。でも、料理をつくる人は別に雇って、私はカウンターの中にいるけど、お客さんと話しながら呑んでいればいい、みたいなポジションがいいですね。
接客しながら呑んでいるコの字酒場の大将もいらっしゃるし、想像してみたら、楽しいかもしれないですね。でも、私は呑み始めたら働けなくなっちゃうと思います。三十分ぐらいで、もう嫌だって（笑）。
シーズン２の撮影でお邪魔した「さしみや五坪《ごつぼ》」（東京都大田《おおた》区蒲田《かまた》）の大将が言っていたんですが、今は奥様がカウンターのなかに立ってテキパキと接客していらっしゃるんですけど、最初はお客さんに怒られたりからまれたりしていたらしいんです。でも、そのおかげか人を見る目がどんどん肥えてきて、今は奥様がこの人に三杯以上呑ませたらダメ、とかを見極めてさばくんだそうです。
それに、新規のお客さんで泥酔していたりとか、大騒ぎしたりして空気を乱す人とかが来ると、お客さんの連係プレーで早く帰らせようとするそうです。あくまでその方が嫌な気持ちにならないように、ですけど。
お店全体でそういうことが出来上がっているのって、とても面白いなと思いました。お客さんがお店をそんな風に守ってくれるんだなって。他のお客さんのこともよく見渡せて、コミュニケーションが取りやすいコの字カウンターだから成り立つことなのかもしれないですね。コの字酒場、本当に素敵だと思います。
その五坪の大将が、原作の加藤ジャンプさんのことを「なんか気づいたらフワッと来るんだよ、ジャンプさん」と言っていたのがとても印象に残っています。ジャンプさんの、あの存在感がとてもいいんだなっていうのは、私も感じていたことなんです。
ジャンプさんとお仕事でお話しさせていただくようになって、本当にお酒を愛しているし、食べることも愛している方だとわかりました。そして、ご本人はとても穏やかで、どんな人のことも受け入れる性格の方じゃないですか。押しが強いわけでもないし、あのフワーッとそこにいるたたずまいが、いい酒飲みだなあって。
お店を取材する側の人としても、とても正しい姿なんだと思います。そういうジャンプさんだから、コの字酒場の方たちと信頼関係が築けたんだと思いますし、この漫画で描かれるコの字酒場で起きるいろいろな人間模様も、ジャンプさんのあの優しさがあるから描けることなんだろうなと感じます。
今の時代、あまり人と人とが触れ合わなくても日々の生活ができるようになっちゃっていますけど、リアルの部分ってやっぱりすごく大切で、それがこの漫画にはたくさん詰まっています。
主人公の吉岡は、これまで自分があまり経験してこなかった場所とか人間関係を、コの字酒場の扉を開くことで初めて知ることになります。
そこには一見厳しそうだけど、世話焼きのおじさんがいたり、店主やお客さんにもそれぞれの人生があって、吉岡はそれを聞いていくうちに後輩との付き合い方や仕事を進める上での大切なヒントを見つけます。恵子との恋の行方も含めて、毎回ドラマが起こりますし、物質的な距離感ではない、心の距離感でいろんな人と接する機会がコの字酒場にはある。それをこの漫画で感じていただけると思います。

ドラマ「今夜はコの字で」は恵子先輩を慕う後輩役の浅香航大さんと一緒にやらせていただいています。実はこのお仕事のオファーが来る前から、呑んで食べる仕事がしたいって、常日頃から言っていたんです。言霊《ことだま》ってあるじゃないですか、そうしたら本当に来たんです。
ドラマの撮影スタッフの方は、以前から何度もお仕事をさせていただいている方たちなので、素の私のこともわかってくださっているから、コの字酒場で何かやらせるのも面白いんじゃないかと思ってくれたのかもしれません。
撮影でお邪魔したお店の店主で一番衝撃的だったのは、漫画ではコの一、ドラマではシーズン1のコの二に登場する「焼鳥 しょうちゃん。」の大将ですね。いやあ、素敵でした。昭和の忘れ形見みたいな方です。べらんめえ口調で、男性には結構つっけんどんに「なんだよ、おめぇ」みたいな感じなんですけど、女性には結構優しいんです。すごいシャイな一面もあるし。別れた奥さんがケイコさんだったらしくて、現場で「なんで別れた女房と同じ名前なんだよ」と言ってて、こっちは知らんしって（笑）。

しょうちゃんの大将もそうですが、ドラマには実際の店主が出演してくださっている回があります。皆さん、お芝居に関しては素人のはずなのに、すごい自然なお芝居をしてくださって、役者よりいいじゃん！　と思うときもありましたね。

でも役者さんではないから、こちら側はちょっと怖さもあったんです。でも、皆さん、やっぱり客商売されている方だから、私たちに気遣ってくださる部分がたくさんありました。お芝居を重ねていくうちに、自然と仲が深まりましたね。そのうち世間話もするようになって、帰り際には、絶対呑みに来てねと送ってくださる方もいて。実際、プライベートでも何度かお邪魔しているお店もあります。

ドラマで恵子を演じる上で、ひとつ心がけていることがあります。私はお酒の場が好きで、お酒は楽しく呑むのがいいなと日頃から思っています。酒の席でクダをまいたりするのって、ほかに居合わせた人を嫌な気持ちにさせてしまったりするじゃないですか。

だから恵子を、この人と呑んだら楽しそうだなっていうキャラクターにしたいとシーズン1のときから心がけていました。漫画の恵子よりも、少し明るい印象になったと言われることがありますが、そんなところを私が意識しているからかもしれません。

実は恵子と私には、共通点もあります。恵子は、自分のスタイルをちゃんと持っている女性で、仕事はしっかりこなして、プライベートもしっかり楽しむ女性です。私も、若い頃は仕事の延長線上にプライベートがあったんですけど、今は切り離すようにしています。プライベートを楽しんでこそ仕事も頑張れる、というのがあるので。

恵子がコの字酒場に行くのは、フードコーディネーターという彼女の仕事とも少しはつながってはいるでしょうけど、でもやっぱり呑みの時間は、自分の人生を楽しもうとしていると思うんです。そういうところは共通点かもしれないですね。

シーズン2では、恵子と吉岡の付かず離れずの恋の関係が、シーズン1よりも進むのか進まないのか……。二人の間には今回、新たな人物も加わります。

恵子と吉岡の関係がどうなっていくのか、私にもわかりません。ちょっとドキドキするような二人の曖昧な関係性が、このドラマが続いていく上での大事な要素だとわかってはいるのですが、本当にどうなっちゃうんだろう？

ドラマの舞台になる新たなコの字酒場はもちろん、二人の恋の行方にも注目して見ていただけたらうれしいですね。

（なかむら・ゆり　女優）

本文デザイン　高橋健二（テラエンジン）
写真／有高唯之

本書は、二〇一六年三月、集英社インターナショナルより刊行された『今夜はコの字で』を文庫化にあたり、書き下ろしエッセイ二編、コの十　新橋「美味ぇ津」(「グランドジャンプＰＲＥＭＩＵＭ」二〇一六年五月号掲載)を加えたものです。

コラム「コの字に〝ほの字〟」の本文の内容は単行本刊行時から一部加筆、店舗情報は二〇二二年三月時点のものです。

漫画は実在の店を舞台としていますが、ストーリーはフィクションです。実在の人物・団体・事件などには、いっさい関係ありません。

集英社文庫

今夜《こんや》はコの字《じ》で　完全版《かんぜんばん》

2022年3月25日　第1刷　　定価はカバーに表示してあります。

原作・文　加藤《かとう》ジャンプ
画　土山《つちやま》しげる

発行者　徳永　真

発行所　株式会社 集英社
東京都千代田区一ツ橋2-5-10　〒101-8050
電話　【編集部】03-3230-6095
【読者係】03-3230-6080
【販売部】03-3230-6393(書店専用)

印　刷　大日本印刷株式会社

製　本　大日本印刷株式会社

フォーマットデザイン　アリヤマデザインストア　　マークデザイン　居山浩二

ISBN978-4-08-744369-1 C0195